职业院校财经商贸类专业"十三五"规划教材

主审 高月玲 顾关胜

会计电算化

主 编 蒲 忠 张志明
副主编 吴明军 陈明可 陈以东
　　　　刘汉美 周丽萍
参 编 张澄华 王惠惠 魏 涛 费 蕾
　　　　翁其龙 成玉祥 李国松 朱晓兰

苏州大学出版社
Soochow University Press

图书在版编目(CIP)数据

会计电算化 / 蒲忠,张志明主编. —苏州:苏州大学出版社,2017.5
职业院校财经商贸类专业"十三五"规划教材
ISBN 978-7-5672-2110-9

Ⅰ.①会… Ⅱ.①蒲… ②张… Ⅲ.①会计电算化—高等职业教育—教材 Ⅳ.①F232

中国版本图书馆 CIP 数据核字(2017)第 088544 号

会计电算化

蒲 忠 张志明 主编

责任编辑 薛华强

苏州大学出版社出版发行
(地址:苏州市十梓街1号 邮编:215006)
常州市武进第三印刷有限公司印装
(地址:常州市武进区湟里镇村前街 邮编:213154)

开本 787 mm×1 092 mm 1/16 印张 11.5 字数 280 千
2017 年 5 月第 1 版 2017 年 5 月第 1 次印刷
ISBN 978-7-5672-2110-9 定价:33.00 元

苏州大学版图书若有印装错误,本社负责调换
苏州大学出版社营销部 电话:0512-65225020
苏州大学出版社网址 http://www.sudapress.com

职业院校财经商贸类专业"十三五"规划教材
编 委 会

主　任　张建初

编　委（排序不分先后）

陈以东	王登芳	高月玲	蒲　忠
李建红	费　蕾	张志明	沈进城
杭冬梅	周丽萍	王惠惠	陈明可
朱　琴	李　彦	罗厚朝	顾关胜
潘朝中	成玉祥	吴明军	邹小玲
李国松	李玉生	周　羽	魏　涛
范红梅			

职业院校财经商贸类专业"十三五"规划教材

参加编写学校名单（排序不分先后）

盐城生物工程高等职业技术学校

苏州旅游与财经高等职业技术学校

江苏省大丰中等专业学校

江苏省东台中等专业学校

江苏省吴中中等专业学校

苏州工业园区工业技术学校

江苏省张家港中等专业学校

江苏省相城中等专业学校

江苏省苏州丝绸中等专业学校

江苏省阜宁中等专业学校

盐城交通技师学院

盐城机电高等职业技术学校

无锡立信中等专业学校

前言

目前,会计电算化已成为一门融计算机科学、管理科学、信息科学和会计科学为一体的综合性学科,其电子计算机应用程度和水平在经济管理的各个领域中处于领先地位,正发挥着带动经济管理诸多学科逐步走向现代化的作用。会计电算化极大地减轻了会计人员的劳动强度,提高了会计工作的效率和质量,促进了会计职能的转变。随着信息技术的快速发展和管理要求的不断提高,会计手工操作正逐步被会计电算化所取代,要满足社会经济发展对会计人才的需要,必须培养和造就大批既掌握计算机基本应用技术,又懂会计业务处理的复合型会计人才。《会计电算化》课程是中高职会计专业知识结构和技能结构体系中的专业必修课程。

本书从中高职学生的培养目标和学生的特点出发,秉承"项目化课程"的原则,以具体的"任务"为着眼点,认真组织内容,精心设计项目,力求简洁明了,清晰易懂。

《会计电算化》课程是一门理论和实践相结合的课程,本书遵照"教、学、练一体化"的教学理念,以项目为主线,采用"项目教学"、"项目分解(任务)"、"项目总结"、"项目练习"的全新模式。学生在老师的指导下,以主体的地位在完成一个个具体项目任务的过程中理解概念、掌握知识、获得技能。

本书按照财政部会计电算化教学大纲、会计从业人员必备知识和能力的要求,分为四个项目,分别介绍了会计电算化相关概念、会计软件的工作环境、会计软件的使用、电子表格在会计中的应用。为了更好地掌握和巩固所学知识,在任务中有丰富的例题,项目最后有项目练习。

本书可作为会计工作者和各职业院校财经专业中高职学生学习的教材,也是参加会计人员考试的重要参考用书。

由于时间仓促,编者水平有限,书中定有不足之处,敬请专家、同行和广大读者批评指正。

《会计电算化》教材编写组
2017年3月17日

目录

项目一　认识会计电算化 ······················ 1
- 任务一　会计电算化的概念及其特征 ············· 1
- 任务二　会计软件的配备方式及其功能模块 ······· 13
- 任务三　企业会计信息化工作规范 ··············· 19
- 项目总结 ······································ 26
- 项目练习 ······································ 26

项目二　会计电算化软件的工作环境 ············ 30
- 任务一　会计软件的硬件环境 ··················· 30
- 任务二　会计软件的软件环境 ··················· 40
- 任务三　会计软件的网络环境 ··················· 43
- 任务四　会计软件的安全 ······················· 45
- 项目总结 ······································ 52
- 项目练习 ······································ 53

项目三　会计软件的应用 ······················ 58
- 任务一　会计软件的应用流程 ··················· 58
- 任务二　系统级初始化 ························· 61
- 任务三　账务处理模块的应用 ··················· 72
- 任务四　固定资产管理模块的应用 ··············· 85
- 任务五　工资管理模块的应用 ··················· 91
- 任务六　应收管理模块的应用 ··················· 95
- 任务七　应付管理模块的应用 ··················· 99
- 任务八　报表管理模块的应用 ··················· 103
- 项目总结 ······································ 110
- 项目练习 ······································ 111

项目四　电子表格软件在会计中的应用 ……………… 115
任务一　电子表格软件概述…………………………………… 115
任务二　数据的输入与编辑…………………………………… 128
任务三　公式与函数的应用…………………………………… 133
任务四　数据清单及其管理分析……………………………… 151
项目总结………………………………………………………… 162
项目练习………………………………………………………… 162

项目练习答案与解析 ……………………………………… 166

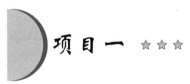

认识会计电算化

学习任务

1. 了解会计电算化和会计信息化的概念
2. 了解会计电算化的特征
3. 了解 ERP 及 ERP 系统与会计信息系统的关系
4. 了解 XBRL 的发展历程、作用和优势
5. 了解企业会计信息化工作规范
6. 熟悉会计软件的配备方式
7. 熟悉会计软件的功能模块

项目描述

本项目是关于会计电算化的概述。随着我国会计电算化事业的发展,会计电算化的概念也在不断丰富。与手工会计相比,会计电算化具有自己的特征。每个企业有自身的特点,这就决定了企业应根据自身的特点选择相应的硬件和会计软件。本项目主要内容包括:会计电算化和信息化的基本概念、特征、工作规范以及会计软件相关知识;会计软件的配备方式及其功能模块;企业会计信息化工作规范。

任务一 会计电算化的概念及其特征

一、会计电算化的相关概念

进入 20 世纪以来,随着市场需求的变化和生产经营的发展,社会各方对会计所提供的经济信息,不仅在需求数量上有了大幅度的增加,而且在时间和质量上都有了更高的要求。会计在经济管理中的作用越来越受到重视,会计数据处理的工作量也越来越大,从客观上产生了改革会计手工处理形式的需要。经济越发展,会计越重要。随着经济发展和科学技术的进步,计算机和网络技术在会计工作中得以普遍应用,计算机在很多方面替代手工或者协助人工进行会计处理,会计信息系统演变为一个人机系统。我们将计算机在会计中的应用称为会计电算化,而把与计算机技术和会计学交叉的应用学科,称之为"电算化会计"。在西方国家,一般统称为电子数据处理会计(EDP 会计),或称为电子计算机会计(Computer Accounting)。

(一)会计电算化

1. 会计电算化概念

会计电算化有狭义和广义之分。狭义的会计电算化是指以电子计算机为主体的电子信息技术在会计工作中的应用;广义的会计电算化是指与实现电算化有关的所有工作,包括会计软件的开发应用及其软件市场的培育、会计电算化人才的培训、会计电算化的宏观规划和管理、会计电算化制度建设等。

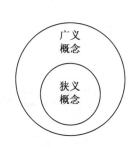

真题解析

【例题 1-1】 (判断题)狭义的会计电算化是指与实现电算化有关的所有工作。(　　)

【答案】 ×

【解析】 这里是指广义的会计电算化概念。狭义的会计电算化是指以电子计算机为主体的电子信息技术在会计工作中的应用。

2. 会计电算化的产生与发展

(1) 国外会计电算化的发展。自从 1946 年世界上第一台计算机问世之后,计算机逐渐开始在各个行业得以应用。计算机在会计中的应用始于 1954 年,美国通用电气公司(GE)第一次在 UNIVC-1 计算机上运行了复杂的工资计算程序,从而触发了会计信息搜集加工方式的革命。

(2) 我国会计电算化的产生与发展。我国的会计电算化是从 20 世纪 80 年代开始起步的。当时,会计电算化主要处于实验试点和理论研究阶段。1981 年 8 月,中国人民大学和第一汽车制造厂联合召开了"财务、会计、成本应用电子计算机专题讨论会",正式提出了会计电算化的概念。随着现代信息技术的发展,计算机技术在我国会计工作中也被普遍应用,并经历了从初级电算化到高级电算化的长期演变过程,形成了我国会计电算化事业的规范化、制度化和现代化。

1981 年中国一汽首次提出
会计电算化概念

我国会计信息系统从软件结构与功能的发展来看,大体可分为四个阶段:单项业务处理软件阶段、综合数据处理阶段、管理信息系统阶段和 ERP 系统集成处理阶段。

◆ 单项会计业务处理阶段:

单项会计业务处理阶段又称为模拟手工探索起步阶段,起步于 20 世纪 80 年代,是我国会计电算化的实验试点阶段和理论研究阶段。

1979年——财政部拨款500万,"长春一汽"首次试点——标志着我国会计电算化工作进入计划的试点阶段,拉开了我国会计电算化工作的序幕,并进入会计电算化的模拟手工记账发展阶段。

会计电算化的模拟手工记账阶段是典型的单项会计业务处理阶段。其基本特征是采用相应的数据库管理系统,并开发企业自身的"账务处理系统"。这时期的会计核算软件,实质上是将电子计算机作为一个高级的计算工具用于会计领域,主要是为了让会计人员从复杂的手工劳动中解放出来,减轻会计人员的工作量,提高劳动效率和信息输出速度,并没有主动将其作为企业信息化建设的重要组成部分。这一阶段还不能实现最大限度的数据共享,容易造成电算化会计数据资源的浪费,也无法使实现电算化的会计信息与企业其他信息系统进行有效融合,从而在企业内部造成一个个信息"孤岛"。

为使会计电算化工作走上科学化、规范化的发展轨道,必须进行科学管理。财政部先后在1989年年底和1990年7月颁布了《会计核算软件管理的几项规定(试行)》和《关于会计核算软件评审问题的补充规定(试行)》两个文件,确定了商品化会计核算软件的评审制度和标准。

真题解析

【例题1-2】 (单选题)《会计核算软件管理的几项规定(试行)》的发布时间是(   )。
A. 1983年　　　　　　　　　　　B. 1989年
C. 1990年　　　　　　　　　　　D. 2008年
【答案】 B
【解析】 财政部先后于1989年年底和1990年7月颁布了《会计核算软件管理的几项规定(试行)》和《关于会计核算软件评审问题的补充规定(试行)》两个文件,确定了商品化会计核算软件的评审制度和标准。这一阶段是探索起步阶段。

【例题1-3】 (多选题)模拟手工记账的探索起步阶段的基本特征主要是(   )。
A. 没有主动将其作为企业信息化建设的重要组成部分
B. 减少无谓的手动劳动
C. 具有相对简单的数据库管理系统
D. 根据企业自身的情况开发了相应的"账务处理系统"
【答案】 ABCD
【解析】 模拟手工记账的探索起步阶段的基本特征是:采用相对简单的数据库管理系统,开发企业自身需求的"账务处理系统",主要是为了让会计人员从复杂的手工劳动中解放出来,减轻会计人员的工作量,提高劳动效率和信息输出速度,并没有主动将其作为企业信息化建设的重要组成部分。

【例题1-4】 (判断题)我国会计信息模拟手工记账阶段开发的会计核算软件,实质是将电子计算机作为一个高级的计算工具应用于会计领域。(   )
【答案】 √
【解析】 我国会计信息模拟手工记账阶段开发的会计核算软件,实质是将电子计算机作为一个高级的计算工具应用于会计领域,系统开发的目标是使会计人员摆脱手工账务处理过程中繁复易错的重复劳动。

◆ 会计业务综合处理阶段:

会计业务综合处理阶段又称为全面推广发展阶段。进入20世纪90年代后,企业开始将单项会计核算业务电算化统合、扩展为全面电算化,将企业内部的信息"孤岛"相互连接,使会计电算化进入会计业务综合处理阶段。

会计业务综合处理阶段的基本特征是会计业务与其他业务相结合,利用计算机对数据进行综合处理。此时,财务软件已构成一个子系统,数据与程序有一定的相互独立性,以文件方式管理数据,重视数据的综合加工处理。该阶段的主要特征是企业组织内部实现会计信息和业务信息的一体化,两者间实现无缝连接,实现数据一致性和共享性。(简单地说,就是业务部门和财务部门信息共享。)

在这一阶段,实现了信息有效共享和利用,所有相关原始数据只要输入一次,就能做到分次或多次利用,既减少了数据输入的工作量,又实现了数据的一致性,还保证了数据的共享性。与其同时,商品化会计核算软件开始蓬勃发展,1994年财政部先后印发了《关于发展我国会计电算化事业的意见》《会计电算化管理办法》《会计电算化工作规范》等一系列规章制度,并启动了商品化会计核算软件的审批工作,有力地推动了我国财务软件行业产业化、规范化发展的进程。

真题解析

【例题1-5】 (单选题)企业开始将单项会计核算业务电算化统合、扩展为全面电算化的阶段是(　　)。

A. 单项会计业务处理阶段　　　　B. 会计业务综合处理阶段
C. 构建会计信息系统的初中级阶段　　D. 建立ERP的集成管理阶段

【答案】 B

【解析】 在会计业务综合处理阶段,企业开始将单项会计核算业务与电算化统合、扩展为全面电算化,将企业内的信息"孤岛"与企业信息相连接。

◆ 管理信息系统阶段:

管理信息系统阶段是构建会计信息系统的初中级阶段,是引入会计专业判断的渗透融合阶段。为适应国际化、全球化的新形势,我国对企业会计标准进行了重大改革,建立了与国际准则趋同的企业会计准则体系。我国在2006年2月15日颁布了新企业会计准则。

① 会计准则体系引入了会计专业判断的要求;
② 新准则适度审慎地引入了公允价值等新的计量基础;
③ 对金融工具、资产减值、合并报表等会计业务做出了系统规范。

这一阶段的主要特征是借助会计准则与会计电算化系统的渗透融合,使企业具备优化重组其管理流程能力;企业开始建立以会计电算化为核心的管理信息系统和企业资源计划系统;完成了由单机应用向局域网应用的转变。

真题解析

【例题1-6】（单选题）下列有关企业会计准则体系的表述中,不正确的是( )。

A. 引入会计专业判断要求　　B. 对会计业务做出系统规范

C. 广泛引入公允价值计量基础　　D. 适度审慎引入公允价值计量基础

【答案】 C

【解析】 会计准则体系引入了会计专业判断的要求。同时,新准则适度审慎地引入了公允价值等新的计量基础,对金融工具、资产减值、合并报表等会计业务做出了系统的规范。所以选项C错误。

◆ 建立ERP系统的集成管理阶段：

ERP系统的集成管理阶段与内部控制相结合。随着现代企业制度的建立和内部管理的现代化,内部控制日益成为一个世界性话题,会计控制必须向全面控制发展,传统的财务软件已不能满足单位会计信息化的需要,须逐步向与流程管理相结合的ERP(企业资源计划)方向发展。

构建与内部控制紧密结合的ERP系统,将企业的管理工作全面集成,从而实现会计管理和会计工作的信息化。

财政部先后制定发布了《内部会计控制规范——基本规范(试行)》和6项具体内部会计控制规范,要求单位加强内部会计及与会计相关的控制,以堵塞漏洞、消除隐患,保护财产安全,防止舞弊行为,促进经济健康发展

2006年7月,财政部、审计署、银监会、证监会、保监会、国资委六部委联合成立内部控制标准委员会,2008年6月颁布《企业内部控制基本规范》,标志着我国企业内部控制规范建设取得了重大突破和阶段性成果,是我国企业内部控制建设的一个重要里程碑。同时,财政部还积极研究构建会计信息化的社会平台,进入21世纪,可扩展业务报告业务语言(XBRL)作为一种基于互联网和跨平台操作,专门应用于财务报告编制、披露和使用的计算机语言,在全球范围内迅速应用。2008年11月中国会计信息化委员会和XBRL中国地区组织的成立,标志着中国会计信息化建设迈上了一个新台阶。

真题解析

【例题1-7】（单选题）财政部等六部委联合发起成立企业内部控制标准委员会的时间是( )。

A. 2005年7月　　B. 2006年7月

C. 2007年8月　　D. 2008年11月

【答案】 B

【解析】 2006年7月,财政部、国资委、证监会、审计署、银监会、保监会等六部委联合发起成立企业内部控制标准委员会,并于2008年6月联合发布了《企业内部控制基本规范》。这标志着我国企业内部控制规范建设取得了重大突破和阶段性成果,是我国企业内

部控制建设的一个重要里程碑。

【例题1-8】（单选题）中国会计信息化委员会暨XBRL中国地区组织正式成立的时间是（　　）。

A. 2008年11月　　　　　　　　B. 2006年9月
C. 1989年6月　　　　　　　　 D. 1983年10月

【答案】　A

【解析】　2008年11月12日，中国会计信息化委员会暨XBRL中国地区组织正式成立，这是深化会计改革、全面推进我国信息化建设的重大举措，标志着中国会计信息化建设迈上一个新台阶。

【例题1-9】（多选题）下列各项中，作为企业内部控制标准委员会组成部门的有（　　）。

A. 财政部　　　　　　　　　　B. 审计署
C. 中国人民银行　　　　　　　D. 国资委

【答案】　ABD

【解析】　2006年7月，财政部、国资委、证监会、审计署、银监会、保监会等六部委联合发起成立企业内部控制标准委员会，并于2008年6月联合发布了《企业内部控制基本规范》。这标志着我国企业内部控制规范建设取得了重大突破和阶段性成果，是我国企业内部控制建设的一个重要里程碑。

【例题1-10】（判断题）中国会计信息化委员会暨XBRL中国地区组织的成立，标志着我国会计信息化建设迈上新台阶。（　　）

【答案】　√

【解析】　2008年11月12日，中国会计信息化委员会暨XBRL中国地区组织正式成立，这是深化会计改革、全面推进我国信息化建设的重大举措，标志着中国会计信息化建设迈上了一个新台阶。

3. 会计电算化的作用

（1）提高了会计核算的水平和质量。会计电算化的首要目标是实现会计核算工作的电算化。会计电算化系统极大地提高了会计核算工作的水平和质量，主要有以下几个方面的表现：

① 提高了会计人员的劳动强度，提高了工作效率；
② 缩短了会计数据处理的周期，提高了会计数据的时效性；
③ 提高了会计数据处理的正确性和规范性。

（2）提高了企业现代化经营管理水平。实现会计核算电算化是会计电算化的基础，全面提高企业现代化管理水平则是会计电算化的主要目的。实现会计电算化，提高企业现代化管理水平主要体现在以下几个方面：

① 为从经验管理向科学化管理转变创造了条件；
② 为从事后管理向事中控制、事先预测转变创造了条件；
③ 为企业全面管理现代化奠定了基础。

（3）推动了会计技术、方法、理论创新和观念更新。电算化会计不仅使传统会计使用的介质、工具、簿记格式等形式发生了变化,而且对会计核算的方式、程序、内容和方法,以及控制甚至管理制度都提出了相应的变化要求,并进一步涉及会计学的理论问题。

真题解析

【例题1-11】 (单选题)下列有关会计电算化的重要作用的说法中不正确的是( )。
  A. 降低成本,减少库存
  B. 提高会计核算的水平和质量,减轻会计人员的劳动强度
  C. 提高经营管理水平,为管理信息化打下基础
  D. 推动会计技术、方法、理论创新和观念更新
【答案】 A
【解析】 该题考核会计电算化的作用:1. 提高会计核算的水平和质量。(1)减轻了会计人员的劳动强度,提高了工作效率。(2)缩短了会计数据处理周期,提高了会计数据的时效性。(3)提高了会计数据处理的正确性和规范性。2. 提高了企业现代化经营管理水平。3. 推动了会计技术、方法、理论的创新和观念更新。

(二)会计信息化

1. 会计信息化的概念

会计信息化是指企业利用计算机、网络通信等现代信息技术手段开展会计核算,以及利用上述技术手段将会计核算与其他经营管理活动有机结合的过程。

2. 会计信息化和会计电算化的异同

(1)历史背景不同。会计电算化产生于工业化社会,会计信息化产生于信息社会。

(2)目标不同。会计电算化是实现会计核算业务的计算机处理,会计信息化是实现会计业务全面信息化,充分发挥会计在企业管理中的核心作用,与企业管理和社会构成一个有机的信息系统。

(3)技术手段不同。过去的电算化以计算机为主,现在的信息化以计算机网络和通信等现代技术为主。

(4)功能范围和程序不同。会计电算化以实现业务核算为主,会计信息化不光是进行业务核算,还包括会计信息管理和决策分析,并根据信息管理的原理和信息技术重整会计流程。

(5)系统地位不同。会计电算化是财务部门的事务处理,按计算机的概念来说,是一个部门级的概念,而会计信息化是企业业务处理及管理系统的有机组成部分。

(6)信息输入输出不同。会计电算化强调财务部门自己输入,而会计信息化,大量的数据从企业内外其他系统直接获取;会计电算化信息输送模式,是财务部打印输出,并且报送其他机构,而会计信息化是企业内外的各个机构、部门,根据授权从系统当中、从Internet上直接获取。

(7) 系统层次不同。会计电算化是以事务处理为主,会计信息化包括信息管理层、决策支持层和决策层。

(8) 理论基础不同。会计电算化是以传统会计理论和计算机技术为基础的,而会计信息化的理论基础还包括信息技术系统论和信息化论等现代思想。

3. 会计电算化与会计信息化的关系

会计电算化解决的仅仅是会计核算问题,财务信息与业务信息无法集成共享,其目标仅仅是替代手工做账;而会计信息化下财务业务信息一体化、实时化,其目标是为企业经营管理、控制决策和经济运行提供充足、实时、全方位的信息。会计电算化是会计信息化的初级阶段,是会计信息化的基础工作。

(三) 会计软件

会计软件是指专门用于会计核算、财务管理的计算机软件、软件系统或者其功能模块,包括一组指挥计算机进行会计核算与管理工作的程序、存储数据以及有关资料。常用的会计软件有金蝶 K3/EAS、用友软件、速达财务、管家婆财贸、金算盘、博科 B8、辛巴财贸通、神舟财务软件、嘉德标准财务管理软件和财务软件。

会计软件的功能:
(1) 数据输入。
(2) 生成凭证、账簿、报表等会计资料。
(3) 对会计资料进行转换、输出、分析和利用。
(4) 保证会计数据安全。

真题解析

【例题1-12】(判断题)会计信息化是会计电算化的初级阶段和基础工作。(   )

【答案】 √

【解析】 会计电算化是会计信息化的初级阶段,也是会计信息化的基础。

【例题1-13】(判断题)会计电算化是系统从管理者的角度进行设计的,能实现会计业务的信息化管理,充分发挥会计工作在企业管理和决策中的核心作用。(   )

【答案】 ×

【解析】 会计电算化系统是基于手工会计系统发展而来,其业务流程与手工操作方法基本一致,主要是为了减轻手工操作系统的重复性劳动,提高了效率;而会计信息系统是从管理者的角度进行设计的,能实现会计业务的信息化管理,充分发挥会计工作在企业管理和决策中的核心作用。

【例题1-14】(多选题)下列各项中,属于会计核算软件功能模块实现功能的有(   )。

A. 会计数据输入　　　　　　B. 会计数据处理
C. 会计数据利用　　　　　　D. 会计数据输出

【答案】 ABD

【解析】 会计软件的基本功能是数据输入、数据处理、数据输出和保证会计数据的安全。

（四）会计信息系统

会计信息系统（Accounting Information System，AIS），是指利用信息技术对会计数据进行采集、存储和处理，完成会计核算任务，并提供会计管理、分析与决策相关会计信息的系统，其实质是将会计数据转化为会计信息的系统，是企业管理信息系统的一个重要子系统。

会计信息系统根据信息技术的影响程度可划分为手工会计信息系统、传统自动化会计信息系统和现代会计信息系统；根据其功能和管理层次的高低，可分为会计核算系统、会计管理系统和会计决策支持系统。

会计信息系统的划分：

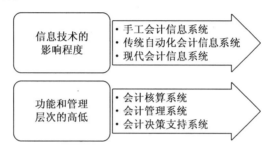

【例题1-15】 （判断题）会计电算化是指企业利用计算机、网络通信等现代信息技术手段开展会计核算，以及利用上述技术手段将会计核算与其他经营管理活动有机结合的过程。（　　）

【答案】　×

【解析】　此处是指会计信息化的概念。

【例题1-16】 （多选题）会计信息系统根据其功能和管理层次的高低，可以分为（　　）。

A．会计核算系统　　　　　　　　B．手工会计信息系统
C．会计管理系统　　　　　　　　D．会计决策支持系统

【答案】　ACD

【解析】　选项B，是根据信息技术的影响程度划分的。

（五）ERP 和 ERP 系统

ERP（Enterprise Resource Planning 的简称，译为"企业资源计划"），是指利用信息技术，一方面将企业内部所有资源整合在一起，对开发设计、采购、生产、成本、库存、分销、运输、财务、人力资源、品质管理等进行科学规划；另一方面将企业与其外部的供应商、客户等市场要素有机结合，实现对企业的物资资源（物流）、人力资源（人流）、财务资源（财流）和信息资源（信息流）等进行一体化管理（即"四流一体化"或"四流合一"），其核心思想是供应链的有效管理，强调对整个供应链的有效管理，提高企业配置和使用资源的效率。

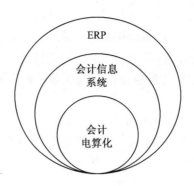

在功能层次上,ERP除了最核心的财务、分销和生产管理等管理功能以外,还集成了人力资源、质量管理、决策支持等企业其他管理功能。会计信息系统已经成为ERP系统的一个子系统。

真题解析

【例题 1-17】 (单选题)ERP是( )的简称。
A. 管理信息系统　　　　　　　　B. 企业资源计划
C. 制造资源规划　　　　　　　　D. 专家系统
【答案】　B
【解析】　ERP是指企业资源计划。

【例题 1-18】 (判断题)ERP的核心思想是财务管理。( )
【答案】　×
【解析】　ERP的核心思想是供应链管理,强调对整个供应链的有效管理。财务管理(财流)仅仅是其中一个方面。

【例题 1-19】 (单选题)下列关于ERP与会计信息化、会计电算化关系的表述中,正确的是( )。
A. 会计信息化是会计电算化的初级阶段
B. ERP系统是会计信息系统的子系统
C. 会计信息系统是ERP系统的子系统
D. 会计电算化与ERP系统没有任何关联关系
【答案】　C
【解析】　选项A,会计电算化是会计信息化的初级阶段;选项D,会计电算化是会计信息化的基础工作,而会计信息系统是ERP系统的子系统,因此,会计电算化是ERP系统不可或缺的。

(六) XBRL

XBRL(eXtensible Business Reporting Language 的简称,译为"可扩展商业报告语言"),是一种基于可扩展标记语言(Extensible Markup Language)的开放性业务报告技术标准。

1. XBRL 的作用与优势

XBRL 的主要作用在于将财务和商业数据电子化,促进了财务和商业信息的显示、分析与传递。XBRL 通过定义统一的数据格式标准,规定了企业报告信息的表达方法。

企业应用 XBRL 的优势主要有:① 提供更为精确的财务报告与更具可信度和相关性的信息;② 降低数据采集成本,提高数据流转及交换效率;③ 帮助数据使用者更快捷方便地调用、读取和分析数据;④ 使财务数据具有更广泛的可比性;⑤ 增加资料在未来的可读性与可维护性;⑥ 适应变化的会计准则制度的要求。

2. 我国 XBRL 发展历程

我国的 XBRL 发展始于证券领域。2003 年 11 月,上海证券交易所在全国率先实施基于 XBRL 的上市公司信息披露标准;2005 年 1 月,深圳证券交易所颁布了 1.0 版本的 XBRL 报送系统;2005 年 4 月和 2006 年 3 月,上海证券交易所和深圳证券交易所先后分别加入了 XBRL 国际组织;2008 年 11 月,XBRL 中国地区组织成立;2009 年 4 月,财政部在《关于全面推进我国会计信息化工作的指导意见》中将 XBRL 纳入会计信息化标准;2010 年 10 月 19 日,国家标准化管理委员会和财政部颁布了可扩展商业报告语言(XBRL)技术规范系列国家标准和企业会计准则通用分类标准。

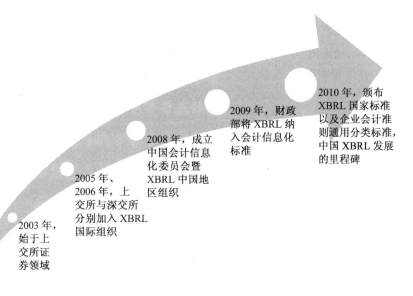

真题解析

【例题 1-20】 (多选题)企业应用可扩展商业报告语言(XBRL)的优势主要有( )。

A. 能够增加资料在未来的可读性和可维护性
B. 提供更具可信度和相关性的信息
C. 使财务数据具有更广泛的可比性
D. 适应变化的会计准则制度的要求

【答案】 ABCD

【解析】 企业应用 XBRL 的优势主要有:① 提供更为精确的财务报告与更具可信度

和相关性的信息;② 降低数据采集成本,提高数据流转及交换效率;③ 帮助数据使用者更快捷方便地调用、读取和分析数据;④ 使财务数据具有更广泛的可比性;⑤ 增加资料在未来的可读性与可维护性;⑥ 适应变化的会计准则制度的要求。

【例题1-21】 (判断题)2009年4月,国家标准化管理委员会和财政部颁布了可扩展商业报告语言(XBRL)技术规范系列国家标准和企业会计准则通用分类标准。(　　)

【答案】 ×

【解析】 2010年10月19日,国家标准化管理委员会和财政部颁布了可扩展商业报告语言(XBRL)技术规范系列国家标准和企业会计准则通用分类标准。2009年4月,财政部将XBRL纳入会计信息化的标准。

二、会计电算化的特征

(一)人机结合

在会计电算化方式下,会计人员填制电子会计凭证并审核后,执行"记账"功能,计算机将根据程序和指令在极短的时间内自动完成会计数据的分类、汇总、计算、传递及报告等工作。

人:数据录入、审核、发出指令。

机:记账、结账、报表。

(二)会计核算自动化、集中化

在会计电算化方式下,试算平衡、登记账簿等以往依靠人工完成的工作,都由计算机自动完成,大大减轻了会计人员的工作负担,提高了工作效率。计算机网络在会计电算化中的广泛应用,使得企业能将分散的数据统一汇总到会计软件中进行集中处理,既提高了数据汇总的速度,又增强了企业集中管控的能力。

自动化:计算机代替人工自动记账、结账和报账。

集中化:通过网络,实现财务业务一体化。

(三)数据处理及时准确

在较短的时间内完成会计数据的分类、汇总、计算、传递和报告等工作,能够避免在手工会计处理方式下出现的一些错误。

(四)内部控制多样化

在会计电算化方式下,与会计工作相关的内部控制制度也将发生明显的变化,内部控制由过去的纯粹人工控制发展成人工与计算机相结合的控制形式。内部控制的内容更加丰富,范围更加广泛,要求更加严格,实施更加有效。

手工:人工控制(账证相符、账账相符、账表相符)。

电算化:人机结合控制(重点是数据的输入、处理和控制)。

真题解析

【例题1-22】 (判断题)在会计电算化方式下,全部的会计工作都可以交由计算机自动完成,大大减轻了会计人员的工作负担。(　　)

【答案】 ×

【解析】 在会计电算化方式下,大部分会计工作可以由计算机自动完成,但电子凭证等的输入仍然需要人工完成,即人机结合。

【例题1-23】 (多选题)会计电算化的特征有( )。

A. 人机结合　　　　　　　　　B. 会计核算自动化、分散化
C. 数据处理及时准确　　　　　D. 内部控制多样化

【答案】 ACD

【解析】 选项B,应为会计核算自动化、集中化,使数据共享程度提高,增强企业集中管控的能力。

任务二　会计软件的配备方式及其功能模块

一、会计软件的配备方式

企业配备会计软件的方式主要有购买、定制开发、购买与开发相结合等。其中,定制开发包括企业自行开发、委托外部单位开发、企业与外部单位联合开发三种具体开发方式。

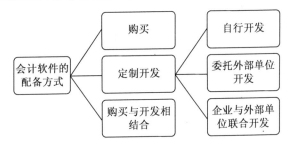

(一)购买通用会计软件

通用会计软件是指软件公司为会计工作而专门设计开发,并以产品形式投入市场的应用软件。企业作为用户,付款购买即可获得软件的使用、维护、升级以及人员培训等服务。

采用这种方式的优点主要有:(1) 企业投入少、见效快,实现信息化的过程简单;(2) 软件性能稳定,质量可靠,运行效率高,能够满足企业的大部分需求;(3) 软件的维护和升级由软件公司负责;(4) 软件安全保密性强,用户只能执行软件功能,不能访问和修改源程序。

采用这种方式的缺点主要有:(1) 软件的针对性不强,通常针对一般用户设计,难以适应企业特殊的业务或流程;(2) 为保证通用性,软件功能设置往往过于复杂,业务流程简单

的企业可能感到不易操作。

(二)定制开发

1. 自行开发

自行开发是指企业自行组织人员进行会计软件开发。

采用这种方式的优点主要有：(1)企业能够在充分考虑自身生产经营特点和管理要求的基础上，设计最有针对性和适用性的会计软件；(2)由于企业内部员工对系统充分了解，当会计软件出现问题或需要改进时，企业能够及时高效地纠错和调整，保证系统使用的流畅性。

采用这种方式的缺点主要有：(1)系统开发要求高、周期长、成本高，系统开发完成后，还需要较长时间的试运行；(2)自行开发软件系统需要大量的计算机专业人才，普通企业难以维持一支稳定的高素质软件人才队伍。

2. 委托外部单位开发

委托外部单位开发是指企业通过委托外部单位进行会计软件开发。

采用这种方式的优点主要有：(1)软件的针对性较强，降低了用户的使用难度；(2)对企业自身技术力量的要求不高。

采用这种方式的缺点主要有：(1)委托开发费用较高；(2)开发人员需要花大量的时间了解业务流程和客户需求，会延长开发时间；(3)开发系统的实用性差，常常不适用于企业的业务处理流程；(4)外部单位的服务与维护承诺不易做好。因此，这种方式目前已很少使用。

3. 企业与外部单位联合开发

企业与外部单位联合开发是指企业联合外部单位进行软件开发，由本单位财务部门和网络信息部门进行系统分析，外单位负责系统设计和程序开发工作，开发完成后，对系统的重大修改由网络信息部门负责，日常维护工作由财务部门负责。

采用这种方式的优点主要有：(1)开发工作既考虑了企业的自身需求，又利用了外单位的软件开发力量，开发的系统质量较高；(2)企业内部人员参与开发，对系统的结构和流程较熟悉，有利于企业日后进行系统维护和升级。

采用这种方式的缺点主要有：(1)软件开发工作需要外部技术人员与内部技术人员、会计人员充分沟通，系统开发的周期较长；(2)企业支付给外单位的开发费用相对较高。

(三)购买与开发相结合

购买与开发相结合是指通用会计软件与定点开发会计软件相结合的方式。对于本单位特殊的需求，在通用会计软件不能满足的情况下，再自行开发，然后利用通用会计软件提供的接口将它们连接起来。所以，使用商品化会计软件加上自行开发会计软件，既省时间又省费用，是实现会计电算化的有效途径。

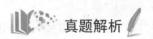

【例题1-24】 (多选题)下列说法中，属于购买通用会计软件优点的有( )。

A. 软件的针对性较强

B. 企业投入少、见效快，实现信息化的过程简单

C. 软件性能稳定,质量可靠

D. 当会计软件需要改进时,能够及时纠错和调整

【答案】 BC

【解析】 选项 A,应为针对性不强;选项 D,为自行开发的优点。

【例题 1-25】 (多选题)企业定制开发会计软件的方式主要有( )。

A. 自行开发
B. 委托外部单位开发
C. 企业与外部单位联合开发
D. 购买通用会计软件

【答案】 ABC

【解析】 定制开发包括企业自行开发、委托外部单位开发、企业与外部单位联合开发三种具体开发方式。

二、会计软件的功能模块

会计核算软件的功能模块,是指会计核算软件中具备相对独立地完成会计数据输入、处理和输出功能的各个部分。

完整的会计软件的功能模块包括 11 个,其中前 7 个可以视为会计核算模块,后 4 个为财务管理模块。

(一)会计核算模块(7 个)

会计核算模块帮助会计完成会计核算工作,主要包括:账务处理模块、固定资产管理模块、工资管理模块、应收应付管理模块、成本管理模块、报表管理模块、存货核算模块等。

1. 账务处理模块

账务处理模块是以凭证为数据处理起点,通过凭证输入和处理,完成记账、银行对账、结账、账簿查询及打印输出等工作。目前许多商品化的账务处理模块还包括往来款管理、部门核算、项目核算和管理及现金银行管理等一些辅助核算的功能。

2. 固定资产管理模块

固定资产管理模块主要是以固定资产卡片和固定资产明细账为基础,实现固定资产的会计核算、折旧计提和分配、设备管理等功能,同时提供了固定资产按类别、使用情况、所属部门和价值结构等进行分析、统计与各种条件下的查询、打印功能,以及该模块与其他模块的数据接口管理。

3. 工资管理模块

工资管理模块是进行工资核算和管理的模块,该模块以人力资源管理提供的员工及其工资的基本数据为依据,完成员工工资数据的收集、员工工资的核算、工资发放、工资费用的汇总和分摊、个人所得税计算,按照部门、项目、个人时间等条件进行工资分析、查询与打印输出,以及该模块与其他模块的数据接口管理。

4. 应收、应付管理模块

应收、应付管理模块以发票、费用单据、其他应收单据、应付单据等原始单据为依据,记录销售、采购业务所形成的往来款项,处理应收、应付款项的收回、支付和转账,进行账龄分析和坏账估计及冲销,并对往来业务中的票据、合同进行管理,同时提供统计分析、打印和查询输出功能,以及与采购管理、销售管理、账务处理等模块进行数据传递的功能。

5. 成本管理模块

成本管理模块主要提供成本核算、成本分析、成本预测功能,以满足会计核算的事前预测、事后核算分析的需要。此外,成本管理模块还具有与生产模块、供应链模块以及账务处理、工资管理、固定资产管理和存货核算等模块进行数据传递的功能。

6. 报表管理模块

报表管理模块与其他模块相连,可以根据会计核算的数据,生成各种内部报表、外部报表、汇总报表,并根据报表数据分析报表,以及生成各种分析图等。在网络环境下,很多报表管理模块同时提供了远程报表的汇总、数据传输、检索查询和分析处理等功能。

7. 存货核算模块

存货核算模块以供应链模块产生的入库单、出库单、采购发票等核算单据为依据,核算存货的出入库和库存金额、余额,确认采购成本,分配采购费用,确认销售收入、成本和费用,并将核算完成的数据,按照需要分别传递到成本管理模块、应收应付管理模块和账务处理模块。

(二) 财务管理模块(4个)

财务管理模块体现了会计的管理功能,主要包括:财务分析模块、预算管理模块、项目管理模块、其他管理模块。

8. 财务分析模块

财务分析模块从会计软件的数据库中提取数据,运用各种专门的分析方法,完成对企业财务活动的分析,实现对财务数据的进一步加工,生成各种分析和评价企业财务状况、经营成果和现金流量的信息,为决策提供正确依据。

9. 预算管理模块

预算管理模块将需要进行预算管理的集团公司、子公司、分支机构、部门、产品、费用要素等对象,根据实际需要分别定义为利润中心、成本中心、投资中心等不同类型的责任中心,然后确立各责任中心的预算方案,指定预算审批流程,明确预算编制内容,进行责任预算的编制、审核、审批,以便实现对各个责任中心的控制、分析和绩效考核。利用预算管理模块,既可以编制全面预算,又可以编制非全面预算;既可以编制滚动预算,又可以编制固定预算、零基预算;同一责任中心,既可以设置多种预算方案,编制不同预算,又可以在同一预算方案下选择编制不同预算期的预算。预算管理模块还可以实现对各子公司预算的汇总、对集团公司及子公司预算的查询,以及根据实际数据和预算数据自动进行预算执行差异分析和预算执行进度分析等。

10. 项目管理模块

项目管理模块主要是对企业的项目进行核算、控制与管理。项目管理主要包括项目立项、计划、跟踪与控制、终止的业务处理以及项目自身的成本核算等功能。该模块可以及时、准确地提供有关项目的各种资料,包括项目文档、项目合同、项目的执行情况,通过对项目中的各项任务进行资源的预算分配,实时掌握项目的进度,及时反映项目的执行情况及财务状况,并且与账务处理、应收管理、应付管理、固定资产管理、采购管理、库存管理等模块集成,对项目收支进行综合管理,是对项目的物流、信息流、资金流的综合控制。

11. 其他管理模块

根据企业管理的实际需要,其他管理模块一般包括领导查询模块、决策支持模块等。领导查询模块可以按照领导的要求从各模块中提取有用的信息并加以处理,以最直观的表格和图形显示,使得管理人员通过该模块及时掌握企业信息;决策支持模块利用现代计算机、通信技术和决策分析方法,通过建立数据库和决策模型,向企业决策者提供及时、可靠的财务和业务决策辅助信息。上述各模块既相互联系又相互独立,有着各自的目标和任务,它们共同构成了会计软件,实现了会计软件的总目标。

三、会计软件各模块的数据传递

会计软件是由各功能模块共同组成的有机整体,为实现相应功能,相关模块之间相互依赖,互通数据,账务处理模块为会计软件的核心,以记账凭证为接口与其他功能模块有机地连接在一起。

(1) 存货核算模块生成存货入库、存货估价入账、存货出库、盘亏/毁损、存货销售收入、存货期初余额调整等业务的记账凭证,并传递到账务处理模块,以便用户审核登记存货账簿。

(2) 应付管理模块完成采购单据处理、供应商往来处理、票据新增、付款、退票处理等业务后,生成相应的记账凭证并传递到账务处理模块,以便用户审核登记赊购往来及其相关账簿。

(3) 应收管理模块完成销售单据处理、客户往来处理、票据处理及坏账处理等业务后,生成相应的记账凭证并传递到账务处理模块,以便用户审核登记赊销往来及其相关的账簿。

(4) 固定资产管理模块生成固定资产增加、减少、盘盈、盘亏,固定资产变动,固定资产评估和折旧分配等业务的记账凭证,并传递到账务处理模块,以便用户审核登记相关的资产账簿。

(5) 工资管理模块进行工资核算,生成分配工资费用、应交个人所得税等业务的记账凭证,并传递到账务处理模块,以便用户审核登记应付职工薪酬及相关成本费用账簿;工资管理模块为成本管理模块提供人工费资料。

(6) 成本管理模块中,如果计入生产成本的间接费用和其他费用来源于财务处理模块,则成本管理模块在账务处理模块记账后,从账务处理模块中直接取得间接费用和其他费用的数据;如果不使用工资管理、固定资产管理、存货核算模块,则成本管理模块还需要在账务处理模块记账后,自动从账务处理模块中取得材料费用、人工费用和折旧费用等数据;成本管理模块的成本核算完成后,要将结转制造费用、结转辅助生产成本、结转盘点损失和结转工序产品耗用等记账凭证数据传递到账务处理模块。

(7) 存货核算模块为成本管理模块提供材料出库核算的结果;存货核算模块将应计入外购入库成本的运费、装卸费等采购费用和应计入委托加工入库成本的加工费传递到应付管理模块。

(8) 固定资产管理模块为成本管理模块提供固定资产折旧费数据。

(9) 报表管理和财务分析模块可以从各模块取得数据编制相关财务报表,进行财务分析。

(10) 预算管理模块编制的预算经审核批准后,生成各种预算申请单,再传递给账务处理模块、应收管理模块、应付管理模块、固定资产管理模块、工资管理模块进行责任控制。

(11) 项目管理模块中发生和项目业务相关的收款业务时,可以在应收发票、收款单或者退款单上输入相应的信息,并生成相应的业务凭证传递至账务处理模块;发生和项目相关采购活动时,其信息也可以在采购申请单、采购订单、应付模块的采购发票上记录;在固定资产管理模块引入项目数据可以更详细地归集固定资产建设和管理的数据;项目的领料和项目的退料活动等数据可以在存货核算模块进行处理,并生成相应凭证传递到账务处理模块。

此外,各功能模块都可以从账务处理模块获得相关的账簿信息;存货核算、工资管理、固定资产管理、项目管理等模块均可从成本管理模块获得有关的成本数据。

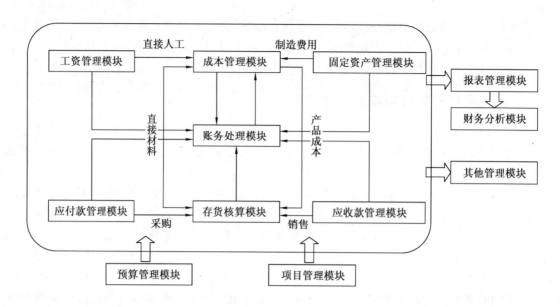

真题解析

【例题 1-26】（单选题）下列不属于账务处理模块功能的是（ ）。

A．凭证的输入和处理 B．结账

C．账簿查询 D．对企业财务活动进行分析

【答案】 D

【解析】 账务处理模块是以凭证为原始数据，通过凭证输入和处理，完成记账和结账、银行对账、账簿查询及打印输出以及系统服务和数据管理等工作。目前许多商品化的账务处理模块还包括往来款管理、部门核算、项目核算和管理及现金银行管理等一些辅助核算的功能。

【例题 1-27】（单选题）应收、应付管理模块以（ ）为依据，记录销售、采购业务所形成的往来款项，处理应收、应付款项的收回、支付和转账，进行账龄分析和坏账估计及冲销等。

A．发票 B．费用单据

C．其他应收、应付单据 D．以上都是

【答案】 D

【解析】 应收、应付管理模块以发票、费用单据、其他应收单据、应付单据等原始单据为依据，记录销售、采购业务所形成的往来款项，处理应收、应付款项的收回、支付和转账，进行账龄分析和坏账估计及冲销，并对往来业务中的票据、合同进行管理，同时提供统计分析、打印和查询输出功能，以及与采购管理、销售管理、账务处理等模块进行数据传递的功能。

【例题 1-28】（单选题）会计软件以（ ）模块为核心。

A．报表管理 B．成本管理

C．账务处理 D．工资管理

【答案】 C

【解析】 账务处理模块是会计软件的核心模块。

【例题 1-29】（单选题）下列模块中，（ ）与"应收应付款核算模块"之间存在数

传递关系。

A. 账务处理模块　　　　　　　　B. 工资管理模块
C. 固定资产管理模块　　　　　　D. 成本管理模块

【答案】　A

【解析】　账务处理模块与"应收应付款核算模块"之间存在数据传递关系。

【例题1-30】　（判断题）如果不使用工资管理、固定资产管理、存货核算模块，则成本管理模块无法取得数据。（　　）

【答案】　×

【解析】　如果不使用工资管理、固定资产管理、存货核算模块，则成本管理模块可以自动从账务处理模块中取得人工费用、折旧费用和材料费用等数据。

【例题1-31】　（多选题）下列模块中，与成本管理模块存在数据传递关系的有（　　）。

A. 存货核算模块　　　　　　　　B. 工资管理模块
C. 固定资产管理模块　　　　　　D. 账务处理模块

【答案】　ABCD

【解析】　成本管理模块主要提供成本核算、成本分析、成本预测功能，以满足会计核算的事前预测、事后核算分析的需要。此外，成本管理模块还具有与生产模块、供应链模块，以及账务处理、工资管理、固定资产管理和存货核算等模块进行数据传递的功能。

【例题1-32】　（单选题）成本管理模块的成本核算完成后，要将结转制造费用、结转辅助生产成本、结转盘点损失和结转共享产品耗用的记账凭证数据传递到（　　）模块。

A. 存货核算模块　　　　　　　　B. 报表管理模块
C. 账务处理模块　　　　　　　　D. 项目管理模块

【答案】　C

【解析】　成本管理模块的成本核算完成后，要将结转制造费用、结转辅助生产成本、结转盘点损失和结转共享产品耗用的记账凭证数据传递到账务处理模块。

【例题1-33】　（单选题）以供应链产生的入库单、出库单、采购发票等核算单据为依据，进行成本计算和费用分配的模块是（　　）。

A. 成本管理模块　　　　　　　　B. 存货核算模块
C. 项目管理模块　　　　　　　　D. 采购销售模块

【答案】　B

【解析】　存货核算模块以供应链产生的入库单、出库单、采购发票等核算单据为依据，核算存货的出入库金额、余额，确认采购成本，分配采购费用，确认销售收入、成本和费用，并将核算完的数据按照需要分别传递到成本管理模块、应收应付模块和账务处理模块。

任务三　企业会计信息化工作规范

2013年12月6日，财政部以财会〔2013〕20号印发《企业会计信息化工作规范》。该《规范》分总则、会计软件和服务、企业会计信息化、监督、附则5章49条，自2014年1月6

日起施行。《企业会计信息化工作规范》就会计软件和服务、企业会计信息化、监督等方面做了详细的规定。

一、会计软件和服务的规范

【任务提示】 记忆"应当""鼓励""不得""可以"等字眼，注意判断题的识别。

（1）会计软件应当保障企业按照国家统一会计准则制度开展会计核算，不得有违背国家统一会计准则制度的功能设计。

（2）会计软件的界面应当使用中文，并且提供对中文处理的支持，可以同时提供外国或者少数民族文字界面对照和处理支持。

（3）会计软件应当提供符合国家统一会计准则制度的会计科目分类和编码功能。

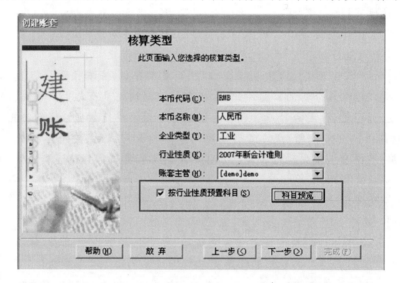

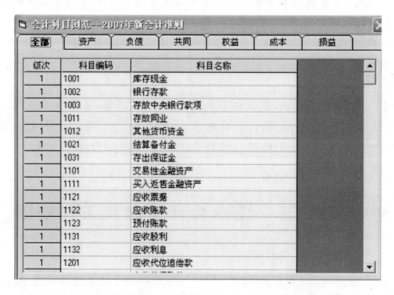

（4）会计软件应当提供符合国家统一会计准则制度的会计凭证、账簿和报表的显示与打印功能。

（5）会计软件应当提供不可逆的记账功能，确保对同类已记账凭证的连续编号，不得提供对记账凭证的删除和插入功能，不得提供对已记账凭证日期、金额、科目和操作人的修改功能。

（6）鼓励软件供应商在会计软件中集成可扩展商业报告语言（XBRL）功能，便于企业生成符合国家统一标准的 XBRL 财务报告。

（7）会计软件应当具有符合国家统一标准的数据接口，满足外部会计监督需要。

（8）会计软件应当具有会计资料归档功能，提供导出会计档案的接口，在会计档案存储格式、元数据采集、真实性与完整性保障方面，符合国家有关电子文件归档与电子档案管理的要求。

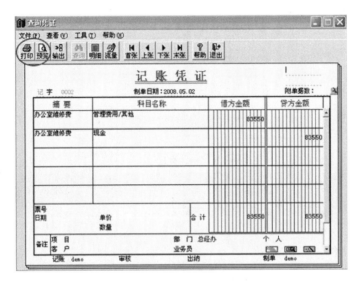

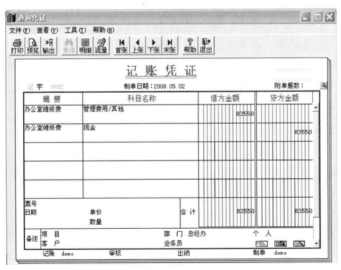

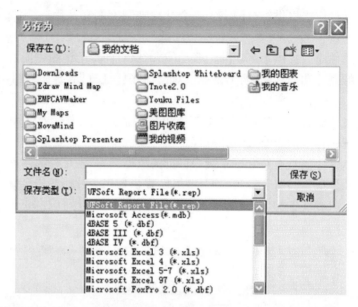

（9）会计软件应当记录生成用户操作日志,确保日志的安全、完整。

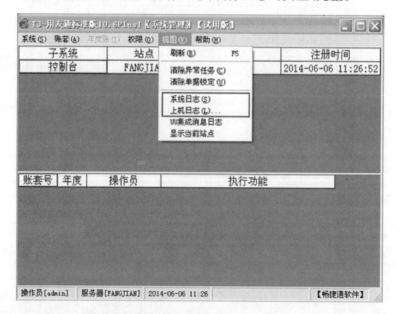

（10）以远程访问、云计算等方式提供会计软件的供应商,应当在技术上保证客户会计资料的安全、完整。例如:金蝶 K/3 Cloud。

（11）客户以远程访问、云计算等方式使用会计软件生成的电子会计资料归客户所有。

【提示】 第(1)—(11)点是关于会计软件的规范。

（12）以远程访问、云计算等方式提供会计软件的供应商,应当做好在厂商不能维持服务情况下,保障企业电子会计资料安全以及企业会计工作持续进行的预案。

（13）软件供应商应当努力提高会计软件相关服务质量,按照合同约定及时解决用户使用中的故障问题。

（14）鼓励软件供应商采用呼叫中心、在线客服等方式为用户提供实时技术支持。

（15）软件供应商应当就如何通过会计软件开展会计监督工作，提供专门教程和相关资料。

真题解析

【例题1-34】（判断题）会计软件的界面应当使用中文，不得提供外国或者少数民族文字支持。（   ）

【答案】 ×

【解析】 会计软件的界面应当使用中文并且提供对中文处理的支持，可以同时提供外国或者少数民族文字界面对照和处理支持。

【例题1-35】（判断题）会计软件不得提供对记账凭证的删除和插入功能。（   ）

【答案】 √

【解析】 已记账的凭证不能删除和修改，如果是已经登记入账的记账凭证在当年内发现错误的，可用红字更正法或补充登记法更正。如果发现以前年度记账凭证有错误的，应用蓝字填制一张更正的记账凭证。

【例题1-36】（多选题）下列关于会计软件和服务规范的说法中，不正确的有（   ）。

A. 会计软件不得有违背国家统一会计准则制度的功能设计

B. 会计软件应当提供符合国家统一会计准则制度的会计科目分类和编码功能

C. 客户以远程访问、云计算等方式使用会计软件生成的电子会计资料归软件供应商所有

D. 软件供应商必须要采用呼叫中心、在线客服等方式为用户提供实时技术支持

【答案】 CD

【解析】 选项C，客户以远程访问、云计算等方式使用会计软件生成的电子会计资料归客户所有；选项D，鼓励软件供应商采用呼叫中心、在线客服等方式为用户提供实时技术支持。

二、企业会计信息化的工作规范

（一）会计信息化建设

（1）企业应当充分重视会计信息化工作，加强组织领导和人才培养，不断推进会计信息化在本企业的应用。

（2）企业开展会计信息化工作，应当根据发展目标和实际需要，合理确定建设内容，避免投资浪费。

（3）企业开展会计信息化工作，应当注重信息系统与经营环境的契合。

（4）大型企业、企业集团开展会计信息化工作，应当注重整体规划，统一技术标准、编码规则和系统参数，实现各系统的有机整合，消除信息孤岛。

（5）企业配备会计软件，应当根据自身技术力量以及业务需求，考虑软件功能、安全性、稳定性、响应速度、可扩展性等要求，合理选择购买、定制开发、购买与开发相结合等会计软件配备方式。

（6）企业通过委托外部单位开发、购买等方式配备会计软件,应当在有关合同中约定操作培训、软件升级、故障解决等服务事项,以及软件供应商对企业信息安全的责任。

（7）企业应当促进会计信息系统与业务信息系统的一体化,通过业务的处理直接驱动会计记账,减少人工操作,提高业务数据与会计数据的一致性,实现企业内部信息资源共享。

（8）企业应当根据实际情况,开展本企业信息系统与银行、供应商、客户等外部单位信息系统的互联,实现外部交易信息的集中自动处理。

（9）企业进行会计信息系统前端系统的建设和改造,应当安排负责会计信息化工作的专门机构或者岗位参与,充分考虑会计信息系统的数据需求。

（10）企业应当遵循企业内部控制规范体系要求,加强对会计信息系统规划、设计、开发、运行、维护全过程的控制。

（11）处于会计核算信息化阶段的企业,应当结合自身情况,逐步实现资金管理、资产管理、预算控制、成本管理等财务管理信息化;处于财务管理信息化阶段的企业,应当结合自身情况,逐步实现财务分析、全面预算管理、风险控制、绩效考核等决策支持信息化。

（二）信息化条件下的会计资料管理

（1）对于信息系统自动生成且具有明晰审核规则的会计凭证,可以将审核规则嵌入会计软件,由计算机自动审核。未经自动审核的会计凭证,应当先经人工审核再进行后续处理。

（2）分公司、子公司数量多、分布广的大型企业、企业集团应当探索利用信息技术促进会计工作的集中,逐步建立财务共享服务中心。

（3）外商投资企业使用的境外投资者指定的会计软件或者跨国企业集团统一部署的会计软件,应当符合会计软件和服务的规范的要求。

（4）企业会计信息系统数据服务器的部署应当符合国家有关规定。

（5）企业会计资料中对经济业务事项的描述应当使用中文,可以同时使用外国或者少数民族文字对照。

（6）企业应当建立电子会计资料备份管理制度,确保会计资料的安全、完整和会计信息系统的持续、稳定运行。

（7）企业不得在非涉密信息系统中存储、处理和传输涉及国家秘密、关系国家经济信息安全的电子会计资料;未经有关主管部门批准,不得将其携带、寄运或者传输至境外。

（8）企业内部生成的会计凭证、账簿和辅助性会计资料,如果同时满足所记载的事项属于本企业重复发生的日常业务、由企业信息系统自动生成且可查询和输出、企业对相关数据建立了电子备份制度及完善的索引体系等条件,可以不输出纸面资料。

（9）企业获得的需要外部单位或者个人证明的原始凭证和其他会计资料,如果同时满足会计资料附有可靠的电子签名且电子签名经符合《中华人民共和国电子签名法》的第三方认证、所记载的事项属于本企业重复发生的日常业务、可及时在企业信息系统中查询和输出、企业对相关数据建立了电子备份制度及完善的索引体系等条件,可以不输出纸面资料。

（10）企业会计资料的归档管理,遵循国家有关会计档案管理的规定。

（11）实施企业会计准则通用分类标准的企业,应当按照有关要求向财政部报送 XBRL 财务报告。

（三）会计信息化的监督管理

（1）企业使用会计软件不符合《企业会计信息化工作规范》(以下简称《规范》)要求

的,由财政部门责令限期改正。限期不改的,财政部门应当予以公示,并将有关情况通报同级相关部门或其派出机构。

(2) 财政部采取组织同行评议、向用户企业征求意见等方式对软件供应商提供的会计软件遵循《规范》的情况进行检查。省、自治区、直辖市人民政府财政部门发现会计软件不符合《规范》的,应当将有关情况报财政部。

(3) 软件供应商提供的会计软件不符合《规范》的,财政部可以约谈该供应商主要负责人,责令限期改正。限期内未改正的,由财政部予以公示,并将有关情况通报相关部门。

真题解析

【例题1-37】 (多选题)下列关于会计信息化建设的说法中,正确的有( )。
A. 企业开展会计信息化工作,应当重视信息系统与经营环境的契合
B. 企业应当促进会计信息系统与业务信息系统的一体化,通过会计记账直接驱动业务的处理
C. 企业应当安排负责会计信息化工作的专门机构或者岗位参与
D. 企业应当遵循企业内部控制规范体系要求

【答案】 ACD

【解析】 企业应当促进会计信息系统与业务信息系统的一体化,通过业务的处理直接驱动会计记账。

【例题1-38】 (判断题)处于财务管理信息化阶段的企业,应当结合自身情况,逐步实现会计核算信息化。( )

【答案】 ×

【解析】 处于会计核算信息化阶段的企业,应当结合自身情况,逐步实现资金管理、资产管理、预算控制、成本管理等财务管理信息化;处于财务管理信息化阶段的企业,应当结合自身情况,逐步实现财务分析、全面预算管理、风险控制、绩效考核等决策支持信息化。

【例题1-39】 (单选题)下列关于信息化条件下会计资料管理的说法中,不正确的是( )。
A. 对于信息系统自动生成且具有明晰审核规则的会计凭证,可以将审核规则嵌入会计软件,由计算机自动审核
B. 外商投资企业使用的境外投资者指定的会计软件,可以不符合会计软件和服务的规范的要求
C. 企业会计信息系统数据服务器的部署应当符合国家有关规定
D. 企业内部生成的会计凭证、账簿和辅助性会计资料,满足一定的条件,可以不输出纸面资料

【答案】 B

【解析】 外商投资企业使用的境外投资者指定的会计软件或者跨国企业集团统一部署的会计软件,应当符合会计软件和服务的规范的要求。

 项目总结

本项目主要介绍了会计电算化的概念和特征、会计软件配备方式、会计软件功能模块组成与运行方式、企业信息化工作规范。

主要内容包括：

(1) 会计电算化的概念和特征。概念包括会计电算化、会计信息化、会计软件、会计信息系统、ERP；会计电算化的主要特征包括人机结合、会计核算自动化、数据处理及时准确和内部控制多样化。

(2) 企业会计软件的配备方式有直接购买通用会计软件、自行开发、委托外部单位定制开发、与外部单位联合开发等方式。

(3) 会计软件一般有会计核算(7个模块)和财务管理(4个模块)两大类共11个模块，账务处理模块为会计软件的核心，以记账凭证为接口与其他功能模块有机地连接在一起。

(4)《企业会计信息化工作规范》就会计软件和服务、企业会计信息化、监督等方面做了详细的规定。

 项目练习

一、单项选择题

1. "会计电算化"一词始于( )。
   A. 1989 年　　　　　　　　　　B. 1993 年
   C. 1981 年　　　　　　　　　　D. 1974 年
2. 会计电算化简单地说就是( )在会计工作中的应用。
   A. 会计理论　　　　　　　　　　B. 计算机技术
   C. 会计法规　　　　　　　　　　D. 会计准则
3. 下列各项中，属于企业建立会计电算化系统首要工作的是( )。
   A. 制定规划　　　　　　　　　　B. 购买硬件
   C. 购买软件　　　　　　　　　　D. 培训人员
4. 下列各项中，信息"孤岛"现象最突出的会计信息化发展阶段是( )。
   A. 会计业务综合处理阶段　　　　B. 构建会计信息系统的初中级阶段
   C. 建立 ERP 的集成管理阶段　　 D. 探索起步阶段
5. 下列各项中，标志着我国企业内部控制规范建设取得重大突破和阶段性成果的是发布( )。
   A.《企业内部控制基本规范》　　 B.《企业内部控制应用指引》
   C.《企业内部控制评价指引》　　 D.《企业内部控制审计指引》
6. 作为内部会计控制规范体系的组成部分，财政部先后发布的具体内部会计控制规范数量是( )个。
   A. 5　　　　B. 6　　　　C. 7　　　　D. 8
7. 下列各项中，没有作为企业内部控制标准委员会组成部门的是( )。

A. 工业和信息化部 B. 财政部
   C. 证监会 D. 审计署
8. 会计核算软件是指专门用于( )的计算机应用软件。
   A. 会计核算 B. 录入记账凭证
   C. 审核记账凭证 D. 会计智能考试
9. 下列关于ERP系统的表述中,正确的是( )。
   A. 数据来源唯一 B. 数据来源多元化
   C. 数据延时共享 D. 数据阶段共享
10. 下列关于ERP系统与会计信息系统关系表述中正确的是( )。
    A. ERP系统和会计信息系统互不相关
    B. 会计信息系统包括ERP系统
    C. ERP系统包括会计信息系统
    D. ERP系统和会计信息系统分属不同管理信息系统
11. 下列各项中,属于会计核算软件核心子系统的是( )。
    A. 应收应付款核算 B. 工资核算
    C. 报表处理 D. 账务处理
12. ( )子系统实现各种费用的归集和分配,及时准确地计算出产品的总成本和单位成本,并自动编制机制转账凭证供账务子系统使用。
    A. 存货核算 B. 销售核算
    C. 工资核算 D. 成本核算
13. 下列关于会计核算软件账务处理模块与其他核算模块关系的表述中,不正确的是( )。
    A. 账务处理模块在会计核算软件中处于次要地位
    B. 通过账务处理模块可以获得全面完整的会计信息
    C. 各核算岗位通过账务处理模块可以获得主要的核算数据
    D. 账务处理模块与其他核算模块的联系主要表现为凭证数据的传递
14. ( )是企业资源计划系统的简称。
    A. CAI B. SCM
    C. CRM D. ERP
15. ERP系统的核心思想是( )。
    A. 内部资源全面管理 B. 物料需求管理
    C. 生产计划与控制管理 D. 供应链管理
16. 企业与外部单位联合开发是企业配备会计软件的一种方式,下列说法错误的是( )。
    A. 此种方式是指企业联合外部单位进行软件开发
    B. 在此种方式下,由本单位财务部门的网络信息部门负责系统设计和程序开发工作,由外单位负责进行系统分析
    C. 开发完成后,对系统的重大修改由本单位网络信息部门负责
    D. 开发完成后,日常维护工作由本单位财务部门负责
17. 一般中小企业实施会计电算化做法合理的是( )。

A. 购买通用会计核算软件 B. 自行开发
C. 委托外部单位开发 D. 企业与外部单位联合开发

18. 能够生成各种分析和评价企业财务状况、经营成果和现金流量的信息,为决策提供正确依据的模块是( )。
A. 预算管理模块 B. 财务分析模块
C. 报表管理模块 D. 成本管理模块

19. 在会计软件中,( )与账务处理模块之间不存在凭证传递关系。
A. 应收管理模块 B. 固定资产管理模块
C. 工资管理模块 D. 财务分析模块

20. 固定资产系统通过( )形式传递到总账系统。
A. 原始卡片 B. 凭证
C. 账簿 D. 报表

二、多项选择题

1. 广义的会计电算化是指与实现会计工作电算化有关的所有工作,包括( )。
A. 会计电算化软件的开发和应用
B. 会计电算化人才的培训
C. 会计电算化的宏观规划、市场的培育与发展
D. 会计电算化的制度建设

2. 下列关于会计信息化模拟手工记账阶段的表述中,不正确的有( )。
A. 能够最大限度地实现数据共享
B. 能够实现电算化会计信息与企业其他信息系统的有效融合
C. 能够减轻会计人员工作量,提高劳动效率
D. 能够将会计信息化作为企业信息化建设的重要组成部分

3. 下列各项中,标志着我国会计信息化建设迈上新台阶的有( )。
A. 成立财政部会计准则委员会 B. 成立会计信息化委员会
C. 成立 XBRL 中国地区组织 D. 成立工业和信息化部

4. 下列各项中,属于我国会计核算软件发展历史上两次飞跃的时间是( )。
A. 20 世纪 70 年代 B. 20 世纪 80 年代
C. 20 世纪 90 年代 D. 21 世纪初期

5. 下列有关会计电算化和会计信息化关系的表述中,正确的有( )。
A. 会计电算化是会计信息化的初级阶段
B. 会计电算化是会计信息化的基础工作
C. 会计信息化是会计电算化的初级阶段
D. 会计信息化是会计电算化的基础工作

6. 会计信息系统根据信息技术的影响程度可划分为( )。
A. 会计核算系统 B. 手工会计信息系统
C. 传统自动化会计信息系统 D. 现代会计信息系统

7. 企业应用可扩展商业报告语言(XBRL)的优势主要有( )。
A. 能够降低数据采集成本 B. 提供更具有可信度和相关性的信息

C. 使财务数据具有更广泛的可比性　　D. 适应变化的会计制度和报表要求

8. 商品化会计核算软件应当提供会计报表的自定义功能,下列各项中,属于自定义内容的有(　　)。
   A. 会计报表的格式　　　　　　　　B. 会计报表的项目
   C. 各项目的数据来源　　　　　　　D. 表内和表间的数据运算与勾稽关系

9. 会计报表系统的主要功能有(　　)。
   A. 报表系统自动根据预定要求,进行计算处理
   B. 报表格式设置
   C. 报表编制
   D. 报表编制信息的查询

10. 下列子系统中需要从账务处理系统读取数据的是(　　)。
    A. 成本核算系统　　　　　　　　　B. 固定资产核算系统
    C. 报表系统　　　　　　　　　　　D. 财务分析系统

11. 会计核算软件通常包括(　　)功能模块。
    A. 账务处理　　　　　　　　　　　B. 报表处理
    C. 工资核算　　　　　　　　　　　D. 固定资产核算

12. 关于企业与外部单位联合开发方式说法正确的有(　　)。
    A. 软件开发完成后,对系统的重大修改由网络信息部门负责
    B. 软件开发完成后,日常维护工作由财务部门负责
    C. 有利于企业日后进行系统维护和升级
    D. 开发时间会延长,因为开发人员需要花大量的时间了解业务流程和客户需求

三、判断题

1. 我国会计电算化工作起始于20世纪90年代。(　　)
2. 会计核算软件是指专门用于会计核算工作的计算机应用软件,但不包括采用各种计算机语言编制的用于会计核算工作的计算机程序。(　　)
3. ERP系统中的会计信息系统与业务系统融为一体,在业务发生时,能够实时采集详细的业务、财务信息,执行处理和控制规则。(　　)
4. 企业资源计划(简称ERP)软件中用于处理会计核算数据部分的模块不属于会计核算软件的范畴。(　　)
5. 会计电算化使企业经营管理、财务会计管理实现了由事后管理向事中控制、事先预测的转变,提高了企业管理水平。(　　)
6. 会计信息化以构建和实施有效的企业内部控制为指引,集成管理企业的各种资源和信息。(　　)
7. 降低数据采集成本,提高数据流转及交换效率是XBRL的一个优势。(　　)
8. 自行开发的会计软件由于内部员工对系统充分了解,所以企业能够及时高效地纠错和调整出现的问题。(　　)
9. 会计软件不包括报表管理模块。(　　)
10. 账务处理系统既然是会计核算的核心,就必须实现它与其他核算系统之间的高度数据共享。(　　)

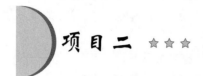

项目二
会计电算化软件的工作环境

学习任务

1. 掌握会计软件的硬件环境
2. 掌握会计软件的软件环境
3. 掌握会计软件的网络环境
4. 了解计算机病毒的特点、分类、防范措施、检测与清除手段
5. 了解计算机黑客常用手段及其防范措施
6. 掌握安全使用会计软件的基本要求

项目描述

本项目主要介绍会计软件运行的软硬件环境和网络环境、计算机病毒以及计算机安全的相关内容。会计软件的工作环境由硬件系统和软件系统两大部分组成。硬件系统是计算机的硬件设备,是会计信息系统存在的物质基础,是会计实现计算机处理的前提条件。软件系统是利用计算机执行动作以便完成任务的有序指令集合,分为系统软件和应用软件两大类。计算机网络是以硬件资源、软件资源和信息资源共享以及信息传递为目的,将地理位置分散的许多独立的计算机系统连接在一起所形成的网络。病毒、黑客和非规范操作可能威胁会计软件的安全运行。

任务一 会计软件的硬件环境

一个完整的计算机系统由硬件系统和软件系统两大部分组成,只有硬件而没有软件的计算机称为"裸机"。计算机硬件系统是组成一台计算机的各种物理装置,它们由各种具体的物理器件组成,是计算机进行工作的物质基础。软件系统分为系统软件和应用软件两大类,是计算机系统的灵魂。

项目二 会计电算化软件的工作环境

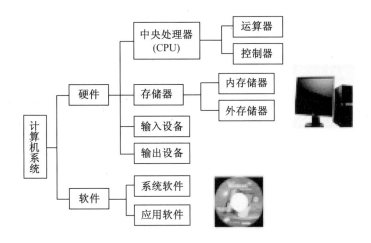

一、硬件设备

硬件系统包括主机(中央处理器、内存储器)和外部设备(外存储器、输入设备、输出设备)。

【例题2-1】 (单选题)构成计算机系统的各种物理设备的总称是(　　)。
A. CPU　　　　　　　　　　　　B. 操作系统
C. 硬件系统　　　　　　　　　　D. 软件系统
【答案】 C
【解析】 构成计算机系统的各种物理设备的总称是硬件系统。

(一)输入设备

输入设备是指计算机输入各种信息(程序、文字、数据、图像等)的设备。常用的输入设备有键盘、鼠标、扫描仪、条形码输入器、光笔、触摸屏等。在会计电算化领域,会计人员一般用键盘和鼠标来完成会计数据或相关信息的输入工作。

1. 键盘

键盘是最常用的输入设备,它是将机械信号转换为电信号的机电转换设备。键盘可分为主键盘区、小键盘区、功能键区、光标/编辑键区四部分。主键盘区包括字母键、数字键和各种符号(如";"","" = "" * "等),是键盘操作的主要区域。小键盘区位于键盘的右下角,主要由数字键和光标/编辑键组成。功能键位于主键盘上方,主要有 Esc、F1~F12 等。这些键在各种软件中分别被定义为特定的功能,如将 F1 定义为帮助键,Esc 定义为终止(中断或退出)程序键。光标/编辑键区位于主键盘和小键盘之间,主要用于在编辑文件时控制光标的移动和进行文字的删除与插入操作等。

(1)字母键。键盘上大小写字母是同一个键。开机后,键盘上 26 个英文字母键默认处于"小写"状态。此时,按任一字母键,输入的均为小写字母。输入字母时,大小写字母之间的转换方式有两种:

① 大小写状态转换键。在"小写"状态下按 Caps Lock 键,转换为"大写"状态,此时键盘右上角的 Caps Lock 指示灯亮,并且输入的字母均为大写字母。同样,在"大写"状态下按 Caps Lock 键,将转换为"小写"状态。

② 转换键。在"小写"状态下,按住 Shift 键的同时按下一个字母键,输入的将是大写字母;同样在"大写"状态下,按住 Shift 键的同时再按下字母键,输入的便是小写字母。

(2)双符号键。在主键盘区,数字键及符号键均在一个键上显示两种符号。按下这些键,输入的是该键下方的数字或符号,按住 Shift 键的同时再按下这些键,输入的将是该键上方的符号。

(3)控制键。

回车键(Enter):或称换行键。

空格键:空格是一个符号,并不是真正为"空"。

退格键(Backspace):使光标左移一格同时删除光标左边位置上的字符。

组合键:通常不能单独使用,需要与其他键配合使用。在不同的计算机软件中,分别对它们的功能进行专门的定义。

2. 鼠标

鼠标按定位原理分为机械式和光电式。鼠标可控制屏幕上的光标移动,用于定位光标、选择菜单和命令、选取范围等操作,可以减少击键次数,简化操作过程。在 Windows 操作系统下,鼠标可以通过光标的定位快速地完成操作,是现在计算机使用过程中必不可少的输入设备。

3. 触控板(Touchpad)

笔记本触控板一般分为两类:一是传统的单点触控操作的触控板,另一类是现在比较流行的多点触控板。

(1)单点触控板。从结构上来说,单点触控板主要由一块能够感应手指运行轨迹的压感板和两个按钮组成。

（2）多点触控板。普通触控板只能替代鼠标，一些复杂的多任务操作还必须配合键盘来实现。多点触控板具有两个层面：一是主控芯片能够同时采集多点信号；二是能够判断每路手指触摸信号的意义，换句话说就是能够为用户提供手势识别功能，譬如双指实现页面放大或缩小等。

（二）处理设备

处理设备主要是指计算机主机。中央处理器（CPU）是计算机主机的核心部件，主要功能是按照程序给出的指令序列，分析并执行指令。中央处理器（在微机中也称为微处理器），简称 CPU。它是计算机的核心部件，其性能高低直接决定一个计算机系统的档次，CPU 是决定微机性能的最重要的部件。

1. 控制器

控制器是整个计算机的指挥中心，负责从存储器中取出指令，并对指令进行分析判断后产生一系列的控制信号，控制计算机各部件自动连续地完成各种操作。控制器负责控制计算机各部件协调工作，并使整个处理过程有条不紊地进行。它的基本功能是从内存中按顺序读取指令和执行指令，即控制器按程序计数器指出的指令地址从内存中取出该指令进行译码，然后根据该指令功能向有关部件发出控制命令，执行该指令。

2. 运算器

运算器是指在控制器控制下完成加减乘除运算和逻辑判断的计算机部件，又称算术逻辑单元,简称 ALU(Arithmetic Logic Unit)。运算器是计算机的核心装置之一,在计算的过程中,运算器不断从存储器中获取数据,经计算后将结果返回存储器。

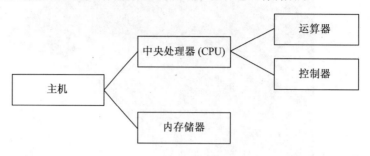

(三)存储设备

计算机的存储设备包括内存储器和外存储器。存储器是用来存储程序和数据的记忆装置,它的基本功能是在控制器的控制下按照指定的地址存入和取出各种信息。存储器中最小的存储单元是字节(简称 B),存储器中所有存储单元的总和称为这个存储器的存储容量。描述存储容量的单位按从小到大的顺序排列,分别有 B、KB、MB、GB、TB。它们之间的换算关系如下:

$$1TB = 1024GB = 1024^2 MB = 1024^3 KB = 1024^4 B$$

按照存储器在计算机结构中所处的位置和作用不同,可分为两大类:内存储器和外存储器。

1. 内存储器

内存储器也称主存储器,简称内存,它直接与 CPU 交换信息,在计算机系统内部是仅次于 CPU 的重要器件之一。中央处理器加上内存就是通常所称的计算机主机。内存按其功能,又可分为随机存储器(Random Access Memory,RAM)、只读存储器(Read Only Memory,ROM)和高速缓冲存储器(Cache)。

只读存储器(ROM)存放重要的、固定的并且反复使用的程序和数据。ROM 中的内容只能读出、不能写入。ROM 依靠电池供电,关闭计算机电源后,其中的信息不会丢失。

随机存储器(RAM)可以随时读出和写入,用来存放计算机工作时所需要的程序和各类数据,RAM 依靠计算机电源供电,当切断计算机电源之后,RAM 中的信息就会完全消失。通常情况下,人们所说的计算机内存指的是随机存储器(RAM),它有较高的读写速度,但存储容量小且价格较贵,不能永久地保存程序和数据。

高速缓冲存储器(Cache)是为了解决 CPU 和 RAM 速度不匹配的矛盾而设置的。

存储容量和存取时间。这是内存性能优劣的两个重要指标。一般来说,内存容量越大,则程序运行速度相对就越快;存取时间越短,则性能越好。

2. 外存储器

外存储器又称为辅助存储器,简称外存,主要用来存储大量的暂不参加运算或处理但需要长期保留的数据和程序,它是内存的后备和补充。常用的外存储器有磁盘存储器、光盘存储器、磁带存储器、移动存储设备与移动硬盘等。

(1)磁盘存储器。常见的有软盘存储器和硬盘存储器。软盘存储器简称软盘,目前常用的软盘是 3.5 英寸软盘,容量 1.44MB。软盘容量较小,读写速度也比较慢。硬盘存储器简称硬盘,通常固定在主机箱中,存储容量较大,目前计算机上的硬盘容量一般为几十个

GB,而且读写速度较快。

（2）光盘存储器。光盘存储器简称光盘，是一种大容量的辅助存储器。它具有体积小、容量大、可靠性高、保存时间长、价格低和便于携带等特点，是现在使用较多的一种存储设备。普通用户使用的光盘大多是只读光盘（CD-ROM），容量一般为几百个 MB。要使用 CD-ROM，计算机上必须配备 CD-ROM 驱动器，简称光驱。其读取速度比软盘快，比硬盘慢。

（3）磁带存储器。磁带存储器容量大、卸载方便，经常用来作为海量数据的存储和磁盘上数据的后备介质，是计算机用来保存数据文件的大容量存储器，其速度比磁盘慢。

（4）移动存储设备与移动硬盘。常见的有 U 盘、移动硬盘和存储卡。U 盘容量通常为几个 GB 到几十个 GB，具有先进的写保护装置，并且体积小，即插即用，非常方便。移动硬盘容量高达几百个 GB，它具有体积小、重量轻、携带方便、抗震性强等优点，比较实用。存储卡具有体积小巧、携带方便、使用简单的优点。同时，由于大多数存储卡具有良好的兼容性，便于在不同的数码产品之间交换数据，近年来，随着数码产品的不断发展，存储卡的存储容量不断得到提升，应用也快速普及。

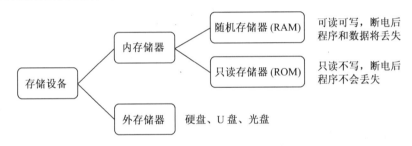

（四）输出设备

输出设备是指用来输出计算机处理结果的设备，其主要功能是把计算机处理的结果转换成人们习惯接受的信息形式（如字符、图像、表格、声音等），或能为其他机器所接受的形式。最常用的输出设备有显示器、打印机、绘图仪等。在会计软件中，显示器既可以显示用户在系统中输入的各种命令和信息，也可以显示系统生成的各种会计数据和文件；打印机一般用于打印输出各类凭证、账簿、财务报表等会计资料。

1. 显示器

显示器是用来显示计算机输入输出信息的屏幕设备，又称监视器或显示终端。计算机显示系统由显示器和显卡构成。

显示器按其原理可分为阴极射线管显示器（CRT）和液晶显示器（LCD）两大类。都有单色和彩色之分，有多种大小不同的规格。

分辨率是显示器最重要的性能指标。分辨率越高，清晰度越高，显示效果越好。常见的分辨率 1024×768 的含义为，在水平方向上有 768 行扫描线，垂直方向每条扫描线上有 1024 个像素点。

2. 打印机

打印机是从计算机获得硬拷贝的输出设备，它将计算机的信息打印到纸张或其他特殊介质上，以供阅读和保存。按打印原理分为击打式（针式打印机）、非击打式（喷墨、激光打印机）。打印机的主要性能指标有分辨率、打印速度、噪声等。

3. 绘图仪

绘图仪是一种可以输出图形的硬复制设备。一般分为笔式、喷墨式和发光二极管三大类。笔式绘图仪是目前使用最广泛的。

一台计算机必备的输入输出设备是键盘、鼠标和显示器。

计算机的外存储器、输入设备、输出设备,称为计算机的外围设备。而外存储器和触摸屏既是计算机的输入设备,又是计算机的输出设备。

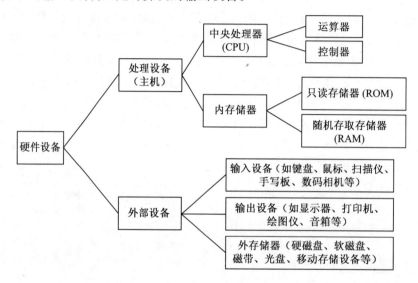

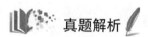

【例题 2-2】 (多选题)下列各项中,属于计算机硬件系统组成部分的有(　　)。

A. 输入设备　　　　　　　　　B. 输出设备
C. 运算器　　　　　　　　　　D. 存储器

【答案】 ABCD

【解析】 硬件系统是指组成一台计算机的各种物理装置,它们由各种具体的物理器件组成,是计算机进行工作的物质基础。计算机硬件系统由运算器、控制器、存储器(其中可分为内存储器和外存储器)、输入设备和输出设备五大基本部件构成。所以选项 ABCD 均正确。

【例题 2-3】 (判断题)只有硬件没有软件的计算机通常称为"裸机"(　　)。

【答案】 √

【解析】 只有硬件没有软件的计算机通常称为"裸机",什么也干不了。通常用户所面对的一般都不是裸机,而是已经配置若干软件之后所构成的计算机系统。

【例题 2-4】 (单选题)决定计算机性能的最主要部件是(　　)。

A. CPU　　　　　　　　　　　B. ROM
C. 硬盘　　　　　　　　　　　D. RAM

【答案】 A

【解析】 中央处理器(在微机中也称为微处理器),简称 CPU。它是计算机的核心部件,其性能高低直接决定一个计算机系统的档次,CPU 是决定微机性能的最重要的部件。

中央处理器主要由运算器和控制器两个部件构成。

【例题 2-5】 (单选题)运算器和控制器的总称是( )。

A. CPU　　　　　　B. ALU　　　　　　C. 主机　　　　　　D. 逻辑器

【答案】 A

【解析】 运算器和控制器的总称是 CPU,也称为中央处理器(在微机中也称为微处理器),简称 CPU。它是计算机的核心部件,其性质高低直接决定一个计算机系统的档次,CPU 是决定微机性能的最重要的部件。

【例题 2-6】 (单选题)ROM 是指( )。

A. 外存储器　　　　　　　　　　B. 只读存储器

C. 随机存储器　　　　　　　　　D. 处理设备

【答案】 B

【解析】 内存储器即内存,分为随机存储器 RAM 和只读存储器 ROM。

二、硬件结构

硬件结构是指硬件设备的不同组合方式。电算化会计信息系统中常见的硬件结构通常有单机结构、多机松散结构、多用户结构和局域网络四种形式。

(一) 单机结构

单机结构属于单用户工作方式,一台计算机同一时刻只能一人使用。

单机结构的优点在于使用简单,配置成本低,数据共享程度高,一致性好;其缺点在于集中输入速度低,不能同时允许多个成员进行操作,并且不能进行分布式处理。适用于数据输入量小的企业。

(二) 多机松散结构

多机松散结构是指有多台计算机,但每台计算机都有相应的输入输出设备,每台计算机仍属单机结构,各台计算机不发生直接的数据联系(通过磁盘、光盘、U 盘、移动硬盘等传送数据)。

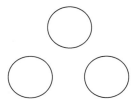

多机松散结构的优点在于输入输出集中程度高,速度快;其缺点在于数据共享性能差,系统整体效率低,主要适用于输入量较大的企业。

(三) 多用户结构

多用户结构又称为联机结构,整个系统配备一台计算机主机(通常是中型机,目前也有较高档的计算机)和多个终端(终端由显示器和键盘组成)。主机与终端的距离较近(0.1千米左右),并为各终端提供虚拟内存,各终端可同时输入数据。

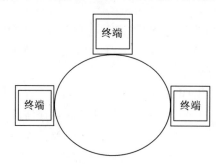

多用户结构的优点在于会计数据可以通过各终端分散输入,并集中存储和处理;缺点在于费用较高,应用软件较少,主机负载过大,容易形成阻塞,主要适用于输入量大的企业。

(四) 微机局域网络

微机局域网络(又称为网络结构),是由一台服务器(通常是高档微机)将许多中低档微机连接在一起(由网络接口卡、通讯电缆连接),相互通信、共享资源,组成一个功能更强的计算机网络系统。

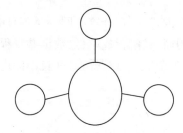

微机局域网络通常分为客户机/服务器结构和浏览器/服务器结构两种结构,主要适用于大中型企业。

1. 客户机/服务器(C/S)结构

客户机/服务器结构模式下,服务器配备大容量存储器并安装数据库管理系统,负责会计数据的定义、存取、备份和恢复,客户端安装专用的会计软件,负责会计数据的输入、运算和输出。

【优点】 技术成熟、响应速度快,适合处理大量数据;

【缺点】 系统客户端软件安装维护的工作量大,且数据库的使用一般仅限于局域网的范围内。

2. 浏览器/服务器(B/S)结构

浏览器/服务器结构模式下,服务器是实现会计软件功能的核心部分,客户机上只需安装一个浏览器,用户通过浏览器向分布在网络上的服务器发出请求,服务器对浏览器的请求进行处理,将用户所需信息返回到浏览器。

【优点】 维护和升级方式简单,运行成本低;

项目二　会计电算化软件的工作环境

【缺点】　应用服务器运行数据负荷较重。
【硬件结构总结】

硬件结构		优　点	缺　点	适用
单机结构		使用简单,配置成本低,数据共享程度高,一致性好	集中输入速度低,不能同时允许多个成员进行操作,并且不能进行分布式处理	数据输入量小的企业
多机松散		结构输入输出集中程度高,速度快	数据共享性能差,系统整体效率低	输入量较大的企业
多用户结构		会计数据可以通过各终端分散输入,并集中存储和处理	费用较高,应用软件较少,主机负载过大,容易形成拥塞	输入量大的企业
微机局域网络	C/S 结构	技术成熟,响应速度快,适合处理大量数据	系统客户端软件安装维护的工作量大,且数据库的使用一般仅限于局域网的范围内	大中型企业
	B/S 结构	维护和升级方式简单,运行成本低	应用服务器运行数据负荷较重	

真题解析

【例题2-7】　(判断题)多机松散结构的优点在于会计数据可以通过各终端分散输入,并集中存储和处理。(　　)
【答案】　×
【解析】　多用户结构的优点在于会计数据可以通过各终端分散输入,并集中存储和处理。

【例题2-8】　(单选题)有多台微机,但每台微机都有相应的输入输出设备,每台微机仍属单机结构,每台微机不发生直接的数据联系,以上描述的是(　　)。
A. 单机结构　　　B. 多用户结构　　　C. 多机松散结构　　　D. 微机局域网络
【答案】　C
【解析】　多机松散结构是指有多台微机,但每台微机都有相应的输入输出设备,每台微机仍属单机结构。

【例题2-9】　(判断题)单机结构不能进行分布式处理,仅适用于数据输入量小的企业。(　　)。
【答案】　√
【解析】　单机结构不能进行分布式处理,仅适用于数据输入量小的企业。

【例题2-10】　(单选题)关于客户机/服务器结构的说法正确的是(　　)。
A. C/S结构模式下,服务器是实现会计软件功能的核心部分
B. C/S结构模式下,服务器安装专用的会计软件,负责会计数据的输入、运算和输出
C. C/S结构模式下,系统客户端软件安装维护的工作量大,数据库的使用一般仅限于局域网的范围内
D. C/S结构模式下,维护和升级方式简单

【答案】 C

【解析】 选项A,在B/S结构模式下,服务器是实现会计软件功能的核心部分;选项B,C/S结构模式下,客户端安装专用的会计软件,负责会计数据的输入、运算和输出;选项D,B/S结构模式,维护和升级方式简单。

任务二　会计软件的软件环境

计算机软件是指在计算机上运行的各种程序及相应的各种文档资料。通常把计算机软件分成两大类:系统软件和应用软件。

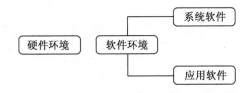

一、软件的类型

(一)系统软件

系统软件是用于对计算机软硬件资源进行管理、监控和维护,以及对各类应用软件进行解释和运行的软件。系统软件是计算机必备的支持软件。应用软件是在硬件和系统软件的支持下,为解决各类具体应用问题而编制的软件。

系统软件包括操作系统、语言处理程序、数据库管理系统、各类支持服务程序等。

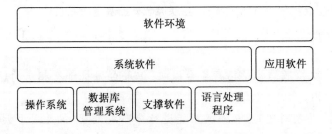

1. 操作系统

它是指控制其他程序运行、管理系统资源并为用户提供操作界面的系统软件的集合。操作系统是系统软件的核心软件,是计算机裸机(硬件)与应用程序(软件)及用户之间的桥梁。常见的操作系统有Dos、Windows、Unix、Linux、Android、IOS等。

2. 数据库管理系统

在财会、金融等领域,经常需要存储并处理大量数据。用户可以按照自己的意愿定义存储数据的格式并对数据进行维护,对数据进行深入的加工处理,从中得到所需要的信息。如会计信息系统中,用户把凭证输入计算机,经过计算机加工处理后得到各类账簿和财务报表。数据库管理系统就是为这些应用所设计的系统软件。如常用的Visual FoxPro、Access

等,还有大型数据库管理系统,如 Oracle、MS SQL Server、Sybase 等。通常,会计软件就是利用各种数据库管理系统开发而成的应用软件。数据库与会计软件联系紧密,会计软件必须有数据库支持。

3. 支持服务程序

支持服务程序也称为工具软件,主要为用户使用计算机和维护管理计算机提供服务,包括协助用户进行开发或硬件维护的软件,如编辑程序、测试诊断程序、调试程序、防病毒程序等。

4. 语言处理程序

语言处理程序包括汇编程序、解释程序和编译程序等,其任务是将用汇编语言或高级语言编写的程序,翻译成计算机硬件能够直接识别和执行的机器指令代码。

程序设计语言是用来编制程序的计算机语言,它是人与计算机之间交换信息的工具,也是人指挥计算机工作的工具。通常用户在用程序设计语言编写程序时,必须要满足相应语言的文法格式,并且逻辑要正确。只有这样,计算机才能根据程序中的指令做出相应的动作,最后完成用户所要求完成的各项工作。程序设计语言是软件系统的重要组成部分,它一般可分为机器语言、汇编语言、高级语言。

(1) 低级语言。机器语言:由二进制代码组成、完全面向机器的指令序列。用机器语言编写的程序称为机器语言程序,又称为目标程序。

汇编语言:用自然符号来代替二进制指令代码,每一个符号对应一条机器指令的符号语言,即符号化了的机器语言。

(2) 高级语言。接近于自然语言、易于理解、面向问题的程序设计语言。机器语言和汇编语言都是面向机器的低级语言,它们对机器的依赖性很大,用它们开发的程序通用性很差,而且要求程序的开发者必须熟悉和了解计算机硬件的每一个细节,因此,它们面对的用户是计算机专业人员,普通的计算机用户是很难胜任这一工作的。而高级语言与计算机具体的硬件无关,其表达方式接近于被描述的问题,接近于自然语言和数学语言,易被人们掌握和接受。目前,计算机高级语言已有上百种之多,常用的高级语言主要有 BASIC、C 语言、C++、PASCAL 和 JAVA 等。

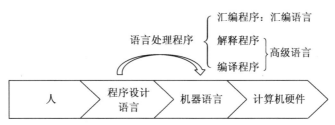

计算机只能识别机器语言,汇编语言和高级语言的源程序必须通过语言处理程序转换为计算机可识别的目标程序,汇编语言通过汇编转换为目标程序,高级语言通过编译和解释两种方式转换为目标程序。

(二) 应用软件

应用软件是为解决各类实际问题而专门设计的软件。会计软件属于应用软件。

(1) 办公类软件:Word、Excel、PPT、WPS。

(2) 图像处理软件:PhotoShop、会声会影、美图秀秀、微软的画图。

(3) 媒体播放软件：Windows Media player、Real player、暴风影音、QQ影音、百度影音。
(4) 网络通信软件：微信、Foxmail、QQ、飞信。
(5) 翻译软件：金山词霸、百度词典。
(6) 财务软件：用友、金蝶、管家婆、金算盘、速达等。

真题解析

【例题2-11】（判断题）系统软件是指用于对计算机资源的管理、监控和维护，以及对各类应用软件进行解释和运行的软件。（　　）

【答案】 √

【解析】 系统软件是指用于对计算机资源的管理、监控和维护，以及对各类应用软件进行解释和运行的软件。

【例题2-12】（多选题）下列属于操作系统的有（　　）。

A. Windows　　　　　　　　B. Oracle
C. UNIX　　　　　　　　　 D. Sybase

【答案】 AC

【解析】 目前比较通用的操作系统有Windows、UNIX、Linux。

【例题2-13】（单选题）下列计算机语言中，不经翻译就能直接被计算机识别和执行的是（　　）。

A. 汇编语言　　　　　　　　B. 机器语言
C. BASIC　　　　　　　　　D. C++

【答案】 B

【解析】 机器语言是直接用计算机指令代码编写的语言，是最底层的计算机语言。它用二进制表示，是计算机唯一能直接识别和直接执行的语言，用机器语言编写的程序被称为机器语言程序。

二、安装会计软件的前期准备

在安装会计软件前，技术支持人员必须首先确保计算机的操作系统符合会计软件的运行要求。某些情况下，技术支持人员应该事先对操作系统进行一些简单的配置，以确保会计软件能够正常运行。

在检查并设置完操作系统后，技术支持人员需要安装数据库管理系统。

会计软件的正常运行需要某些支撑软件的辅助。因此，在设置完操作系统并安装完数据库管理系统后，技术支持人员应该安装计算机缺少的支撑软件。

在确保计算机操作系统满足会计软件的运行要求，并安装完毕数据库管理软件和支撑软件后，技术人员方可开始安装会计软件，同时应考虑会计软件与数据库系统的兼容性。

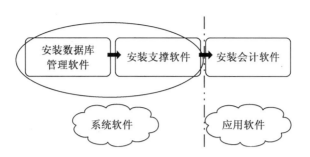

真题解析

【例题2-14】 （判断题）安装会计软件前,应确保已经安装数据库管理软件,同时应考虑会计软件与数据库系统的兼容性。（　　）

【答案】 √

【解析】 安装会计软件前,应确保已经安装数据库管理软件,同时应考虑会计软件与数据库系统的兼容性。

【例题2-15】 （单选题）安装会计软件之前,必须首先要做的是(　　)。

A. 确保计算机的操作系统符合会计软件的运行要求

B. 安装数据库管理系统

C. 安装计算机缺少的支持性软件

D. 进行病毒的查杀

【答案】 A

【解析】 在安装会计软件前,技术支持人员必须首先确保计算机的操作系统符合会计软件的运行要求。

任务三　会计软件的网络环境

一、计算机网络基本知识

（一）计算机网络的概念与功能

计算机网络是以硬件资源、软件资源和信息资源共享以及信息传递为目的,在统一的网络协议控制下,将地理位置分散的许多独立的计算机系统连接在一起所形成的网络。

计算机网络的功能主要体现在资源共享、数据通信、分布处理三个方面。

资源共享：在计算机网络中,各种资源可以相互通用,用户可以共同使用网络中的软件、硬件和数据。

数据通信：计算机网络可以实现各计算机之间的数据传送,可以根据需要对这些数据进行集中与分散管理。

分布处理：当计算机中的某个计算机系统负荷过重时，可以将其处理的任务传送到网络中较空闲的其他计算机系统中，以提高整个系统的利用率。

（二）计算机网络的分类

按地理有效范围可分为：广域网、城域网、局域网。典型的局域网是 Novell 网，因特网（Internet）可以视为目前世界上最大的广域网。按通信媒体可分为：有线网和无线网。按使用范围可分为：公用网和专用网。按配置可分为：同类网、单服务器网和混合网。按数据的组织方式可分为：分布式数据组织网络系统、集中式数据组织网络系统。

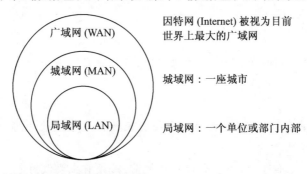

二、会计信息系统的网络组成部分

会计信息系统的网络组成部分包括服务器、客户机和网络连接设备。

（一）服务器

服务器，也称伺服器，是网络环境中的高性能计算机，它侦听网络上的其他计算机（客户机）提交的服务请求，并提供相应的服务，控制客户端计算机对网络资源的访问，并能存储、处理网络上大部分的会计数据和信息。服务器的性能必须适应会计软件的运行要求，其硬件配置一般高于普通客户机。

（二）客户机

客户机又称为用户工作站，是连接到服务器的计算机，能够享受服务器提供的各种资源和服务。会计人员通过客户机使用会计软件，因此客户机的性能也必须适应会计软件的运行要求。

（三）网络连接设备

网络连接设备是把网络中的通信线路连接起来的各种设备的总称，这些设备包括中继器、交换机和路由器等。

项目二　会计电算化软件的工作环境

真题解析

【例题 2-16】　（多选题）计算机网络的主要功能体现在（　　）。
A. 资源共享　　　　　　　　B. 数据通信
C. 分布处理　　　　　　　　D. 数据存储
【答案】　ABC
【解析】　数据存储是存储设备的功能。
【例题 2-17】　（判断题）城域网的覆盖范围可以延伸到整个世界。（　　）
【答案】　×
【解析】　城域网的覆盖范围可以延伸到整个城市。广域网的覆盖范围可以是一个国家或多个国家，甚至整个世界。

任务四　会计软件的安全

一、安全使用会计软件的基本要求

常见的非规范化操作包括密码与权限管理不当、会计档案保存不当、未按照正常操作规范运行软件等。这些操作可能威胁会计软件的安全运行。

（一）严格管理账套使用权限

在使用会计软件时，用户应该对账套使用权限进行严格管理，防止数据外泄；用户不能随便让他人使用电脑；在离开电脑时，必须立即退出会计软件，以防他人偷窥系统数据。

（二）定期打印备份重要的账簿和报表数据

为防止硬盘上的会计数据遭到意外或被人为破坏，用户需要定期将硬盘数据备份到其他磁性介质上（如 U 盘、光盘等）。在月末结账后，对本月重要的账簿和报表数据还应该打印备份。

会计电算化档案：

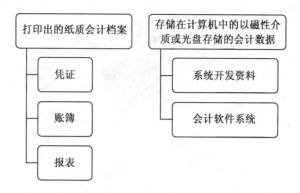

现金日记账和银行日记账要求每天打印输出,做到日清月结。明细账要求每年打印一次或在需要时打印。总账、报表一般每月打印一次。相关凭证、报表应有签名和盖章。系统开发资料包括系统说明书、软件测试报告、编码说明、代码清单等,保管期应截止到该系统停止使用或有重大更改之后的5年。

(三)严格管理软件版本升级

对会计软件进行升级的原因主要有:因改错而升级版本;因功能改进和扩充而升级版本,如用友T3升级后增加"生产管理"模块,金蝶KIS专业版13.0集成企业QQ功能;因运行平台升级而升级版本,如Windows XP系统升级至Windows 7系统,数据库管理系统和会计软件均可能需要升级。经过对比审核,如果新版软件更能满足实际需要,企业应该对其进行升级。

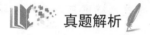

【例题2-18】 (多选题)下列属于安全使用会计软件的基本要求的有(   )。
A. 防范计算机病毒和计算机黑客的攻击
B. 对填制凭证人员与审核人员的权限进行严格管理
C. 月末结账后,打印备份本月重要的账簿和报表数据
D. 因改错而升级版本
【答案】 BCD
【解析】 选项A,不属于安全使用会计软件的基本要求。
【例题】 (判断题)会计软件的用户不能随便让他人使用电脑。(   )
【答案】 √
【解析】 在使用会计软件时,用户应该对账套使用权限进行严格管理,防止数据外泄;用户不能随便让他人使用电脑;在离开电脑时,必须立即退出会计软件,以防止他人偷窥系统数据。

二、计算机病毒的防范

计算机病毒是指编制者在计算机程序中插入的破坏计算机功能或数据,影响计算机使用并且能够自我复制的一组计算机指令或程序代码。

（一）计算机病毒的特点

计算机病毒的特点有：寄生性、传染性、潜伏性、隐蔽性、破坏性、可触发性等，以下将详细介绍计算机病毒的特点以及预防措施。

1. 寄生性

计算机病毒寄生在其他程序之中，当执行这个程序时，病毒就起破坏作用，而在未启动这个程序之前，它是不易被人发觉的。

2. 传染性

计算机病毒不但本身具有破坏性，更有害的是具有传染性，一旦病毒被复制或产生变种，其速度之快令人难以预防。传染性是病毒的基本特征。在生物界，病毒通过传染从一个生物体扩散到另一个生物体。在适当的条件下，它可得到大量繁殖，并使被感染的生物体表现出病症甚至死亡。同样，计算机病毒也会通过各种渠道从已被感染的计算机扩散到未被感染的计算机，在某些情况下造成被感染的计算机工作失常甚至瘫痪。与生物病毒不同的是，计算机病毒是一段人为编制的计算机程序代码，这段程序代码一旦进入计算机并得以执行，它就会搜寻其他符合其传染条件的程序或存储介质，确定目标后再将自身代码插入其中，达到自我繁殖的目的。只要一台计算机染毒，如不及时处理，那么病毒会在这台机子上迅速扩散，计算机病毒可通过各种可能的渠道，如软盘、计算机网络去传染其他计算机。当在一台机器上发现了病毒时，往往曾在这台计算机上用过的软盘也已感染上了病毒，而与这台机器相联网的其他计算机可能也被该病毒染上了。是否具有传染性是判别一个程序是否为计算机病毒的最重要条件。病毒程序通过修改磁盘扇区信息或文件内容并把自身嵌入其中的方法达到病毒的传染和扩散。被嵌入的程序叫作宿主程序。

3. 潜伏性

有些病毒像定时炸弹一样，让它什么时间发作是预先设计好的。比如黑色星期五病毒，不到预定时间一点都察觉不出来，等到条件具备的时候一下子就爆发出来，对系统进行破坏。一个编制精巧的计算机病毒程序进入系统之后一般不会马上发作，因此病毒可以静静地躲在磁盘或磁带里待上几天,甚至几年,一旦时机成熟,得到运行机会,就会四处繁殖、扩散。潜伏性的第二种表现是指,计算机病毒的内部往往有一种触发机制,不满足触发条件时,计算机病毒除了传染外不做什么破坏。触发条件一旦得到满足,有的在屏幕上显示信息、图形或特殊标识,有的则执行破坏系统的操作,如格式化磁盘、删除磁盘文件、对数据文件做加密、封锁键盘以及使系统死锁等。

4. **隐蔽性**

计算机病毒具有很强的隐蔽性,有的可以通过病毒软件检查出来,有的根本就查不出来,有的时隐时现、变化无常,这类病毒处理起来通常很困难。

5. **破坏性**

病毒可以破坏电脑,造成电脑运行速度变慢、死机、蓝屏等问题,还可能把计算机内的文件删除或使其受到不同程度的损坏。通常表现为增、删、改、移,造成系统局部功能残缺,甚至使整个系统瘫痪;个别恶性病毒能损坏硬件设备。

6. **可触发性**

病毒因某个事件或数值的出现,诱使病毒实施感染或进行攻击的特性称为可触发性。为了隐蔽自己,病毒必须潜伏,少做动作。如果完全不动、一直潜伏的话,病毒既不能感染也不能进行破坏,便失去了杀伤力。病毒既要隐蔽又要维持杀伤力,它必须具有可触发性。病毒的触发机制就是用来控制感染和破坏动作的频率的。病毒具有预定的触发条件,这些条件可能是时间、日期、文件类型或某些特定数据等。病毒运行时,触发机制检查预定条件是否满足,如果满足,启动感染或破坏动作,使病毒进行感染或攻击;如果不满足,则病毒继续潜伏。例如,Jerusalem(黑色星期五)病毒的触发条件之一是:如果计算机系统日期是13日并且是星期五,则病毒发作,删除任何一个在计算机上运行的COM文件或EXE文件。

(二)计算机病毒的类型

1. **按计算机病毒的破坏能力分类**

按此分类,计算机病毒可分为良性病毒和恶性病毒。

良性病毒是指那些只占有系统CPU资源,但不破坏系统数据,不会使系统瘫痪的计算机病毒。

与良性病毒相比,恶性病毒对计算机系统的破坏力更大,包括删除文件、破坏或盗取数据、格式化硬盘、使系统瘫痪等。

2. **按计算机病毒存在的方式分类**

按此分类,计算机病毒可分为引导型病毒、文件型病毒和网络病毒。

（1）引导型病毒。引导型病毒是在系统开机时进入内存后控制系统，进行病毒传播和破坏活动的病毒。

（2）文件型病毒。文件型病毒是指感染计算机存储设备中的可执行文件，当执行该文件时，再进入内存，控制系统，进行病毒传播和破坏活动的病毒。这种病毒是指文件感染者，也被称为寄生病毒。它运作在计算机存储器里，通常感染那些扩展名为 COM、EXE、DRV、BIN、OVL、SYS 的文件。

（3）网络病毒。网络病毒是通过计算机网络传播感染网络中的可执行文件的病毒。

（三）导致病毒感染的人为因素

1．不规范的网络操作

不规范的网络操作可能导致计算机感染病毒。其主要途径包括浏览不安全网页、下载被病毒感染的文件或软件、接收被病毒感染的电子邮件、使用即时通信工具等。

2．使用被病毒感染的磁盘

使用来历不明的硬盘和 U 盘，容易使计算机感染病毒。

（四）感染计算机病毒的主要症状

当计算机感染病毒时，系统会表现出一些异常症状。

（1）系统启动时间比平时长，运行速度减慢；

（2）系统经常无故发生死机现象；

（3）系统异常重新启动；

（4）计算机存储系统的存储容量异常减少，磁盘访问时间比平时长；

（5）系统不识别硬盘；

（6）文件的日期、时间、属性、大小等发生变化；

（7）打印机等一些外部设备工作异常；

（8）程序或数据丢失或文件损坏；

（9）系统的蜂鸣器出现异常响声；

（10）其他异常现象。

（五）防范计算机病毒的措施

（1）规范使用 U 盘的操作。在使用外来 U 盘时应该首先用杀毒软件检查是否有病毒，确认无病毒后再使用。

（2）使用正版软件，杜绝购买盗版软件。

（3）谨慎下载与接收网络上的文件和电子邮件。

（4）经常升级杀毒软件。

（5）在计算机上安装防火墙。

（6）经常检查系统内存。

（7）计算机系统要专机专用,避免使用其他软件。

（六）计算机病毒的检测与清除

1. 计算机病毒的检测

计算机病毒的检测分为人工检测和自动检测。人工检测是指通过一些软件工具进行病毒检测,这种方法需要检测者熟悉机器指令和操作系统。自动检测是指通过一些诊断软件来判断一个系统或一个软件是否有计算机病毒。自动检测比较简单,一般用户都可以进行。

2. 计算机病毒的清除

对于一般用户而言,清除计算机病毒一般使用杀毒软件进行。杀毒软件可以同时清除多种病毒,并且对计算机中的数据没有影响。

真题解析

【例题 2-19】 （多选题）下列属于防范计算机病毒措施的有(　　)。

A. 杜绝购买盗版软件

B. 杜绝下载与接收网络上的文字和电子邮件

C. 经常升级杀毒软件

D. 经常检查系统内存

【答案】 ACD

【解析】 选项 B,应当是谨慎下载与接收网络上的文件和电子邮件,并不是杜绝。

【例题 2-20】 （判断题）病毒可以寄生在正常的程序中,跟随正常程序一起运行。(　　)

【答案】 √

【解析】 这是病毒寄生性的特点。

三、计算机黑客的防范

计算机黑客是指通过计算机网络非法进入他人系统的计算机入侵者。他们对计算机技术和网络技术非常精通,能够了解系统的漏洞及其原因所在,通过非法闯入计算机网络来窃取机密信息,毁坏某个信息系统。

（一）黑客常用手段

1. 密码破解

黑客通常采用的攻击方式有字典攻击、假登录程序、密码探测程序等,主要目的是获取系统或用户的口令文件。

2. IP 嗅探与欺骗

IP 嗅探是一种被动式攻击,又叫网络监听。它通过改变网卡的操作模式来接收流经计算机的所有信息包,以便截取其他计算机的数据报文或口令。

欺骗是一种主动式攻击,它将网络上的某台计算机伪装成另一台不同的主机,目的是使网络中的其他计算机误将冒名顶替者当成原始的计算机而向其发送数据。

3. 攻击系统漏洞

系统漏洞是指程序在设计、实现和操作上存在的错误。黑客利用这些漏洞攻击网络中的目标计算机。

4. 端口扫描

由于计算机与外界通信必须通过某个端口才能进行,黑客可以利用一些端口扫描软件对被攻击的目标计算机进行端口扫描,搜索到计算机的开放端口并进行攻击。

(二)防范黑客的措施

1. 制定相关法律法规加以约束

随着网络技术的形成和发展,有关网络信息安全的法律法规相继诞生,并有效规范和约束与网络信息传递相关的各种行为。

2. 数据加密

数据加密的目的是保护系统内的数据、文件、口令和控制信息,同时也可以提高网上传输数据的可靠性。

3. 身份认证

系统可以通过密码或特征信息等确认用户身份的真实性,只对确认了身份的用户给予相应的访问权限,从而降低黑客攻击的可能性。

4. 建立完善的访问控制策略

系统应该设置进入网络的访问权限、目录安全等级控制、网络端口和节点的安全控制、防火墙的安全控制等。通过各种安全控制机制的相互配合,才能最大限度地保护计算机系统免受黑客的攻击。

近年黑客事件:

2008年,一个全球性的黑客组织,利用ATM欺诈程序在一夜之间从世界49个城市的银行中盗走了900万美元。

2010年1月12日上午7点钟开始,全球最大的中文搜索引擎"百度"遭到黑客攻击,长时间无法正常访问。

2012年9月14日,中国黑客成功入侵日本最高法院官方网站,并在其网站上发布了有关钓鱼岛的图片和文字。

真题解析

【例题2-21】 (多选题)黑客的常用手段有( )。

A. 密码破解 B. IP嗅探与欺骗
C. 攻击系统漏洞 D. 端口扫描

【答案】 ABCD

【解析】 黑客常用的手段:密码破解、IP嗅探与欺骗、攻击系统漏洞、端口扫描。

【例题 2-22】 （多选题）防范黑客的措施有（   ）。
A. 制定相关法律法规加以约束　　　B. 身份认证
C. 计算机系统要专机专用　　　　　D. 建立完善的访问控制策略
【答案】　ABD
【解析】　选项 C，属于防范计算机病毒的措施。

 项目总结

本项目介绍了会计软件工作环境，包括硬件环境、软件环境、网络环境和信息安全。熟悉会计软件的工作环境，是使用会计软件的前提。

项目主要内容包括：

（1）一个完整的计算机系统由硬件系统和软件系统两大部分组成。

（2）硬件系统是指组成一台计算机的各种物理装置，它们由各种具体的物理器件组成，是计算机进行工作的物质基础。

（3）软件系统是指管理、控制和维护计算机的各种程序、数据以及相关资料的总称，它决定了计算机可以进行的工作。

（4）只有硬件而没有软件的计算机通常称为裸机，什么也干不了。

（5）计算机硬件系统由运算器、控制器、存储器、输入设备、输出设备五大基本部件构成。

（6）输入设备是指向计算机输入各种信息（程序、文字、数据、声音、图像等）的设备。

（7）常用的输入设备有键盘、鼠标、扫描仪、条形码输入器、光笔、触摸屏、写字板等。

（8）输出设备是指用来输出计算机处理结果（字符、图像、表格、声音等）的设备。

（9）最常用的输出设备有显示器、打印机、绘图仪、投影仪、影像输出、语音输出等。

（10）中央处理器主要由运算器和控制器两个部件构成（运算器＋控制器＝CPU）。

（11）存储器是计算机的记忆部件，分为内存和外存。

（12）计算机软件分为系统软件和应用软件两大类。

（13）操作系统（OS）是最基本、最重要的系统软件，它负责管理计算机系统的全部软件和硬件资源，合理组织计算机各部分协调工作，为用户提供操作界面和编程接口。

（14）计算机网络是以硬件资源、软件资源和信息资源共享以及信息传递为目的，在统一的网络协议控制下，将地理位置分散的许多独立的计算机系统连接在一起所形成的网络。

（15）常见的非规范化操作包括密码与权限管理不当、会计档案保存不当、未按照正常操作规范运行软件等。这些操作可能威胁会计软件的安全运行。

（16）计算机病毒是指编制者在计算机程序中插入的破坏计算机功能或数据，影响计算机使用并且能够自我复制的一组计算机指令或程序代码。

（17）计算机病毒具有寄生性、传染性、隐蔽性、潜伏性、破坏性和可触发性的特点。

（18）计算机黑客是指通过计算机网络非法进入他人系统的计算机入侵者。

 项目练习

一、单项选择题

1. 下列属于输入设备的有( )。
   A. 显示器　　　　　　　　B. 打印机
   C. 绘图仪　　　　　　　　D. 键盘
2. 下列计算机部件中,负责从存储器中获取数据并将数据返回存储器的是( )。
   A. 外存储器　　　　　　　B. 运算器
   C. 控制器　　　　　　　　D. 主机
3. 下列各计算机部件中,负责从计算机内存中读取和执行指令的是( )。
   A. 运算器　　　　　　　　B. 控制器
   C. 外存储器　　　　　　　D. 主机
4. 下列硬件中,( )具有记忆功能。
   A. 控制器　　　　　　　　B. 存储器
   C. 运算器　　　　　　　　D. CPU
5. 下列不属于 RAM 特点的是( )。
   A. 可被 CPU 直接访问　　　B. 可读可写
   C. 关机后信息丢失　　　　D. 存放系统信息
6. 一般情况下,外存储器中存储的信息,在断电后( )。
   A. 局部丢失　　　　　　　B. 大部分丢失
   C. 全部丢失　　　　　　　D. 不会丢失
7. CPU 是指( )。
   A. 运算器　　　　　　　　B. 控制器
   C. 存储器　　　　　　　　D. 中央处理器
8. 下列对于硬件结构的描述中,正确的是( )。
   A. 多机松散结构中的每台微机直接发生数据联系
   B. 多机松散结构中的每台微机通过 U 盘等传送数据
   C. 多机松散结构的优点在于配置成本低,数据共享程度高
   D. 多机松散结构的缺点是主机负载过大,容易形成拥塞
9. ( )的缺点在于费用较高,应用软件较少,主机负载过大,容易形成拥塞。
   A. 单机机构　　　　　　　B. 多机松散结构
   C. 多用户结构　　　　　　D. 微机局域网络
10. 对于硬件结构中的单机结构,说法正确的是( )。
    A. 单机结构属于单用户工作方式,一台微机同一时刻多人可以使用
    B. 单机结构可以进行分布式处理
    C. 单机结构使用简单,配置成本低
    D. 单机结构适用于数据输入量较多的企业
11. 下列计算机键盘的功能区中,其按键与其他功能区某些键重复的是( )。

A. 打字键区 B. 编辑键区
C. 小键盘区 D. 控制键区

12. 下列各种键盘中,( )随 Windows 95 操作系统流行。
    A. 86 键键盘 B. 87 键键盘
    C. 101 键键和 104 键键盘 D. 83 键键盘

13. 计算机操作系统的作用是( )。
    A. 控制计算机的硬件设备 B. 执行用户编写的源程序
    C. 对各种数据进行操作 D. 控制和管理系统的软硬件资源

14. 下列计算机程序中,不属于支持性软件的是( )。
    A. 杀毒程序 B. 调试程序
    C. 诊断程序 D. 计算机语言编译程序

15. 下列计算机语言中,属于计算机指令代码合集的是( )。
    A. 汇编语言 B. BASIC
    C. C++ D. 机器语言

16. 下列关于汇编语言的表述中,不正确的是( )。
    A. 又称"符号语言" B. 比机器语言更易理解
    C. 比高级语言通用性差 D. 比机器语言执行速度更快

17. 下列计算机语言中,通用性最强的是( )。
    A. 机器语言 B. 汇编语言
    C. 指令语言 D. 高级语言

18. 使用编译或解释两种方式将高级语言编写的源程序翻译成机器指令,下列表述中,正确的是( )。
    A. 解释过程不产生目标程序
    B. 编译方式是将源程序逐句翻译,边翻译边执行
    C. 机器语言必须经编译方式转换为计算机能执行的指令
    D. 汇编语言必须经解释方式转换为计算机能执行的指令

19. WPS 软件属于( )。
    A. 系统软件 B. 工具软件
    C. 应用软件 D. 多媒体软件

20. 计算机网络的功能不包括( )。
    A. 资源共享 B. 数据通信
    C. 分布处理 D. 人工智能

21. 下列各项设备中,性能最可靠的是( )。
    A. 服务器 B. 高配置笔记本电脑
    C. 台式个人计算机 D. 上网本

22. 一座大楼中的各室微机进行联网,这个网络属于( )。
    A. WAN B. LAN
    C. MAN D. GAN

23. 为防止计算机病毒的传播,在读取外来软盘上的数据或软件前应该( )。

A. 移动写保护滑块使之成只读盘
B. 用查病毒软件检查该软盘是否有计算机病毒
C. 检查软、硬盘有无计算机病毒
D. 去掉软盘的写保护

24. 下列有关文件型病毒的表述中,不正确的是( )。
    A. 文件型病毒是文件感染者
    B. 文件型病毒也称为寄生病毒
    C. 文件型病毒运作在计算机存储器里
    D. 主要通过软盘在DOS操作系统中传播

25. 下列各项中,无法预防计算机病毒的是( )。
    A. 尽量减少使用计算机
    B. 不非法复制及使用软件
    C. 定期用杀毒软件对计算机进行病毒检测
    D. 禁止使用没有进行病毒检测的软盘

26. 计算机病毒把自身复制到其他程序中的特性是( )。
    A. 隐蔽性　　B. 潜伏性　　C. 传染性　　D. 破坏性

27. 文件型病毒传染的对象主要是( )类型文件。
    A. .DBF　　　　　　　　B. .BAK和.WPS
    C. .COM和.EXE　　　　D. .EXE和.WPS

28. 计算机病毒是能够引起计算机故障的一段( )。
    A. 病菌　　B. 芯片　　C. 程序　　D. 霉变

二、多项选择题

1. 下列各项中,属于计算机外设的有( )。
   A. 外存储器　　　　　　B. 内存储器
   C. 输入设备　　　　　　D. 输出设备

2. 下列各项中,属于计算机硬件显示系统组成部分的有( )。
   A. 显示器　　B. 显示卡　　C. 绘图仪　　D. 电源

3. 下列关于控制器功能的描述中,不正确的有( )。
   A. 负责从存储器中取出指令　　B. 做出逻辑判断
   C. 存放程序和数据　　　　　　D. 控制计算机各部件自动连续工作

4. 下列关于存储器功能的描述中,正确的有( )。
   A. 外存储器也称主存储器
   B. 外存储器存储容量比内存储器大得多
   C. 外存储器只能与内存储器交换信息,不能被计算机系统的其他部件直接访问
   D. 内存储器的每个存储单元能存放一个或多个二进制数,或一条或多条由二进制编码表示的指令

5. 下列关于存储容量的表述中,正确的有( )。
   A. 8bits = 1Byte　　　　B. 1024K = 1G
   C. 1024K = 1M　　　　　D. 1000K = 1M

6. 下列各项中,属于计算机输出设备的有( )。
   A. 打印机　　　　B. 绘图仪　　　　C. 显示器　　　　D. 硬盘
7. 下列各项中,属于单机结构优点的有( )。
   A. 使用简单　　　　　　　　　　B. 配置成本低
   C. 数据共享程度高　　　　　　　D. 一致性好
8. 安装会计软件的前期准备包括( )。
   A. 必须确保计算机的操作系统符合会计软件的运行要求
   B. 需要安装数据库管理系统
   C. 需要安装计算机缺少的支持性软件
   D. 应考虑会计软件与数据库系统的兼容性
9. 下列软件中,能够管理计算机系统全部软硬件资源的有( )。
   A. SOL Server　　　　　　　　　B. MS Word
   C. Windows　　　　　　　　　　D. UNIX
10. 下列计算机语言中,能生成"源程序"的有( )。
    A. 机器语言　　　　　　　　　　B. 汇编语言
    C. BASIC　　　　　　　　　　　D. JAVA
11. 下列软件中,不属于文字处理软件的有( )。
    A. WPS　　　　　　　　　　　　B. Linux
    C. MS Word　　　　　　　　　　D. Access
12. 电算化会计信息系统中,常见的硬件结构有( )。
    A. 单机结构　　　　　　　　　　B. 多用户结构
    C. 多机松散结构　　　　　　　　D. 微机局域网络
13. 下列关于会计信息的网络组成部分中,说法错误的有( )。
    A. 网络连接设备是把网络中的通信线路连接起来的各种设备的总称
    B. 客户机又称用户工作站,是连接到服务器的计算机
    C. 客户机的性能可以不适应会计软件的运行要求
    D. 服务器又称伺服器,是网络环境中的低性能计算机
14. 关于计算机病毒的相关描述中,正确的说法有( )。
    A. 计算机病毒按照破坏能力分为良性病毒和恶性病毒
    B. 导致病毒感染的人为因素包括不规范的网络操作和使用被病毒感染的磁盘
    C. 系统经常无故发生死机现象是计算机感染病毒的症状之一
    D. 计算机病毒检测方法中的人工检测较简单,一般用户都可以进行
15. 计算机病毒按破坏能力分类可分为( )。
    A. 良性病毒　　　　　　　　　　B. 恶性病毒
    C. 文件病毒　　　　　　　　　　D. 网络病毒
16. 常见的非规范化会计软件操作包括( )。
    A. 密码与权限管理不当　　　　　B. 会计档案保存不当
    C. 未按照正常操作规范运行软件　D. 定期打印会计资料

三、判断题

1. 光电式鼠标底部有一个滚动的橡胶球作为光电探测器。（ ）
2. 人们通常把运算器和控制器做在同一块大规模集成电路上,并称之为"中央处理器"。（ ）
3. 存储器的基本功能是在运算器的控制下按照指定地址存入和取出各种信息。（ ）
4. C语言比JAVA语言更适用于网络编程。（ ）
5. 计算机网络按照规模和距离可以分为局域网和公用网。（ ）
6. 计算机病毒是一种人为编制的具有自我复制能力并可以制造计算机系统故障的计算机硬件。（ ）
7. 只要有新版本的会计软件,企业都应该对原有会计软件进行升级。（ ）
8. B/S结构的优点在于维护和升级方式简单,运行成本低。（ ）
9. 欺骗是一种被动式攻击,它将网络上的某台计算机伪装成另一台不同的主机。（ ）
10. 计算机系统负荷过重时,可以将其处理的任务传送到网络中较空闲的其他计算机系统中,提高整个系统的利用率,是体现计算机网络的数据通信的特点。（ ）

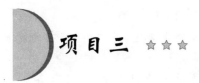

项目三

会计软件的应用

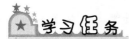

1. 掌握会计软件的应用流程
2. 掌握会计软件的初始化应用
3. 掌握会计软件主要功能模块的应用,包括账务处理、固定资产管理、工资管理、应付管理、应收管理、报表管理等模块

项目描述

本项目介绍电算化软件的实际操作,包括会计软件基本方法、系统初始化、账务处理、固定资产管理、工资管理、应收应付管理和报表管理等主要功能模块的操作。

任务一 会计软件的应用流程

一、系统初始化

（一）系统初始化

1. 系统初始化的特点和作用

系统初始化是系统首次使用时,根据企业的实际情况进行参数设置,并录入基础档案与初始数据的过程。

系统初始化是会计软件运行的基础。它将通用的会计软件转变为满足特定企业需要

的系统,使手工环境下的会计核算和数据处理工作得以在计算机环境下延续和正常运行。

系统初始化在系统初次运行时一次性完成,但部分设置可以在系统使用后进行修改。系统初始化将对系统的后续运行产生重要影响,因此系统初始化工作必须完整且尽量满足企业的需求。

2. 系统初始化的内容

系统初始化的内容包括系统级初始化和模块级初始化。

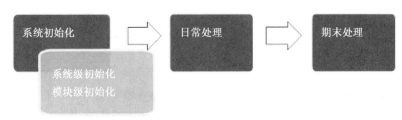

(1)系统级初始化。系统级初始化是设置会计软件所公用的数据、参数和系统公用基础信息,其初始化的内容涉及多个模块的运行,不特定专属于某个模块。

系统级初始化内容主要包括:① 创建账套并设置相关信息;② 增加操作员并设置权限;③ 设置系统公用基础信息。

(2)模块级初始化。模块级初始化是设置特定模块运行过程中所需要的参数、数据和本模块的基础信息,以保证模块按照企业的要求正常运行。

模块级初始化内容主要包括:① 设置系统控制参数;② 设置基础信息;③ 录入初始数据。

真题解析

【例题3-1】 (单选题)下列说法错误的是(　　)。
A. 系统初始化包括系统级初始化和模块级初始化
B. 系统级初始化是设置会计软件所公用的数据、参数和系统公用基础信息
C. 系统初始化工作必须完整且尽量满足企业的需求
D. 创建账套并设置相关信息是模块级初始化的内容
【答案】 D
【解析】 创建账套并设置相关信息是系统级初始化的内容。

(二)日常处理

1. 日常处理的含义

日常处理是指在每个会计期间,企业日常运营过程中重复、频繁发生的业务处理过程。包括生产业务核算、采购业务核算、销售业务核算、存货业务核算、工资与固定资产核算等。日常处理的业务流程如下:

输入工作→加工处理→输出工作→分析、利用

输入:将原始数据、原始凭证输入计算机,以数据文件存储在计算机磁盘介质上。

处理：对存储在磁盘介质上的原始数据和原始凭证加工处理生成会计凭证、账簿和报表等数据文件，以文件存储在计算机中。

输出：根据凭证、账簿和报表等数据文件，通过屏幕和打印机输出会计信息。

利用：在核算的基础上，进一步提取账务信息，为企业发展提供决策依据，如编制各种账务分析报告。

2. 日常处理的特点

频繁：日常业务频繁发生，需要输入的数据量大。

重复：日常业务在每个会计期间内重复发生，只是涉及金额不尽相同。

真题解析

【例题3-2】（单选题）下列属于会计软件日常处理特点的是（　　）。

A. 它是会计软件运行的基础　　　B. 在系统初次运行时一次性完成

C. 在每个会计期间内重复发生　　D. 由计算机自动完成

【答案】 C

【解析】 选项AB为系统初始化的特点，选项D为期末处理的特点。

（三）期末处理

1. 期末处理的含义

期末处理是指在每个会计期间的期末所要完成的特定业务。一般包括：期末转账业务、试算平衡、对账、结账以及会计报表编制。期末处理数量不多，但很多工作每一个会计期间结束都必须做，而且方法很少改变。期末处理要在本期所发生的经济业务全部登记入账后进行。

2. 期末处理的特点

期末处理是对本期业务工作封存、结转，只在期末进行；有较为固定的处理流程；业务可以由计算机自动完成。

真题解析

【例题3-3】（多选题）下列属于期末处理特点的有（　　）。

A. 有较为固定的处理流程

B. 日常业务频繁发生，需要输入的数据量大

C. 每个会计期间只需执行一次

D. 重复性

【答案】 AC

【解析】 期末处理的特点：有较为固定的处理流程；每个会计期间只需执行一次。日常业务处理的特点：日常业务频繁发生，需要输入的数据量大；日常业务在每个会计期间重复发生，所涉及金额不尽相同。

(四)数据管理

1. 数据处理

在会计软件应用的各个环节均应注意对数据的管理。

(1) 数据备份。数据备份是指将会计软件的数据输出保存在其他存储介质上,以备后续使用。数据备份主要包括账套备份、年度账备份等。

(2) 数据还原。数据还原又称数据恢复,是指将备份的数据使用会计软件恢复到计算机硬盘上。它与数据备份是一个相反的过程。数据还原主要包括账套还原、年度账还原等。

只有系统管理员才能进行企业账套的输出和引入,只有企业的账套主管才能进行企业年度账的输出和引入。

2. 人员的管理

(1) 用户管理。用户管理主要是指将合法的用户增加到系统中,设置其用户名和密码,或对需要退出系统的人员进行注销其登录系统的权限等操作。

(2) 权限管理。权限管理是指根据岗位、职位分工不同,为每个可以登录到会计软件中的合法用户分别设置、修改其操作权限。

3. 账套参数的修改

账套建立后,企业可以根据业务需要对某些已经设定的参数内容进行修改。如果账套参数内容已被使用,进行修改可能会造成数据的紊乱,因此对账套参数的修改应该谨慎。

真题解析

【例题 3-4】 (判断题)系统初始化的部分设置可以在系统使用后进行修改(　　)。

【答案】 √

【解析】 系统初始化在系统初次运行时一次性完成,但部分设置可以在系统使用后进行修改。

任务二　系统级初始化

一、创建账套并设置相关信息

(一)创建账套

账套是指存放会计核算对象的所有会计业务数据文件的总称,账套中包含的文件有会计科目、记账凭证、会计账簿、会计报表等。

一个账套只能保存一个会计核算对象的业务资料,这个核算对象可以是企业的一个分部,也可以是整个企业集团。

建立账套是指在会计软件中为企业建立一套符合核算要求的账簿体系。在同一会计软件中可以建立一个或多个账套。账套编号是一个账套在软件系统内部的识别代码,账套号与账套名称一一对应。

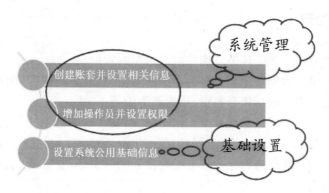

（二）设置账套相关信息

账套的建立、备份和恢复等工作由系统管理员完成。

建立账套时需要根据企业的具体情况和核算要求设置相关信息。账套信息主要包括账套号、企业名称、企业性质、会计期间、记账本位币等。

1. 设置账套基本信息

基本信息包括账套编号、账套名称、账套数据存储路径、账套启用会计期间等。

账套号：用来输入新账套的编号，账套号为3位，唯一且必须输入。

账套名称：用来输入新建账套的名称，必须输入。

账套路径：用来输入新建账套将要被放置的路径。

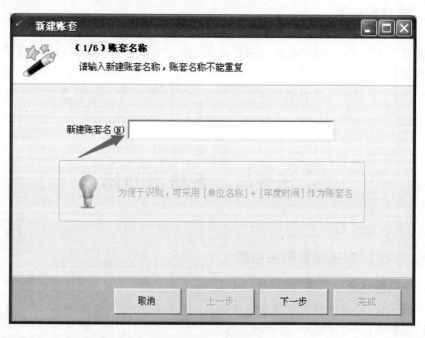

启用会计期：新设置账套被启用的时间。

会计期间：是指确定会计月份的起始日期和结账日期。

由于在一个会计信息系统中可以建立多个企业账套，因此必须设置账套号作为区分不同账套数据的唯一标识（账套号是唯一的）。账套号与账套名称是一一对应的关系，共同代表特定的核算账套。账套启用日期在第一次初始设置时设定，一旦启用不可更改。

2. 录入单位基本数据

单位信息用于记录本单位的基本信息。主要包括单位名称、单位地址、法人代表、邮政编码、电话、传真、电子邮件和税号等信息。

3. 选择会计核算类型

会计核算类型是指用户单位所属行业性质，可方便系统预置会计科目，减少工作量。

4. 设置本位币

所有的外币都应折算为记账本位币进行核算，因此在账套中必须指定一种货币作为记账本位币，其他币种都必须以此本位币为基础进行核算。包括设置本位币代码、本位币名称等。

5. 基础信息分类选择

基础信息分类是指对供应商、客户、部门、存货等的分类。

6. 确立代码设置规则

代码项目一般包括会计科目编码、存货编码、部门编码、客户（供应商）编码等。会计科目一级科目编码由国家财政部统一规定为4位，不可更改。

7. 确定数据核算精度

数据核算精度主要针对金额和数量。

8. 设置会计期间

会计核算必须分会计期间进行，会计期间是指确定会计月份的起始日期和结账日期。单位可以根据实际情况自行设定。

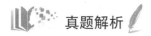

真题解析

【例题3-5】（判断题）账套号是区别不同账套的唯一标识。（　　）

【答案】 √

【解析】 账套管理指的是一组相互关联的数据。一般说来，可以为企业中每个独立核算的单位建立一个账套，系统最多可以建立999套账，账套号是区别不同账套的唯一标识。

【例题3-6】（多选题）下列账套信息建立后不能更改的是（　　）。

A．账套号　　　　B．账套名称　　　　C．单位名称　　　　D．启用会计期间

【答案】 AD

【解析】 账套建立完毕后账套号、账套路径、启用会计期间、本位币等信息是不可以进行更改的。

（三）年度账管理

用户不仅可以建立多个账套，而且每个账套中还可以存放不同年度的会计数据。年度账管理包括年度账的建立、清空、恢复、输出和结转上年数据等。

年度账与账套是两个不同的概念。一个账套中包含了企业所有的数据，把企业数据按年度进行划分，称为年度账。年度账可以作为系统操作的基本单位，因此设置年度账主要是考虑到管理上的方便性。

二、管理用户并设置权限

(一)管理用户

用户是指有权登录系统,对会计软件进行操作的人员。管理用户主要是指将合法的用户增加到系统中,设置其用户名和初始密码或对不再使用系统的人员进行注销其登录系统的权限等操作。

会计软件中只允许以系统管理员(Admin)的身份管理用户。

(二)设置权限

设置操作员的权限是按照会计内部控制制度中不相容职务分工牵制的原理,对已设置好的操作员所进行的权力分配。在增加用户后,一般应该根据用户在企业核算工作中所担任的职务、分工来设置、修改其对各功能模块的操作权限。通过设置权限,用户不能进行没有权限的操作,也不能查看没有权限的数据。

真题解析

【例题3-7】 (实务操作题)设置增加操作员,并设置权限。操作员资料如下表所示。

编号	姓名	口令	所属部门	权　　限
101	赵淼	1	财务部	账套主管
102	王毅	2	财务部	现金管理、总账出纳签字
103	刘丽	3	财务部	公用目录设置、固定资产、工资管理、总账、应付管理、应收管理、核算、采购管理、销售管理、库存管理

操作方法如下图:

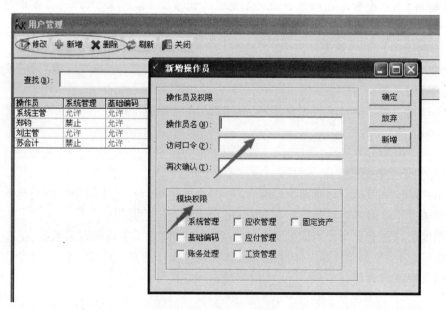

【提示】
1. 操作员编号在系统中必须唯一,即使是不同的账套,操作员编号也不能重复。
2. 所设置的操作员一旦被引用,便不能被修改和删除。
3. 新建账套的账套主管,应在新建账套时指定。

三、设置系统公用基础信息

设置系统公用基础信息包括设置编码方案、基础档案、收付结算信息、凭证类别、外币和会计科目等。

(一)设置编码方案

设置编码方案是指设置具体的编码规则,包括编码级次、各级编码长度及其含义。其目的在于方便企业对基础数据的编码进行分级管理。级次是指编码共分为几级,级长是指每级编码的位数。

设置编码的对象包括部门、职员、客户、供应商、科目、存货分类、成本对象、结算方式和地区分类等。编码符号能唯一地确定被标识的对象。

(二)设置基础档案

设置基础档案是后续进行具体核算、数据分类、汇总的基础,其内容一般包括设置企业部门档案、职员信息、往来单位信息、项目信息等。

1. 部门档案

设置企业部门档案一般包括输入部门编码、名称、属性、负责人、电话、传真等。其目的是方便会计数据按照部门进行分类汇总和会计核算。

2. 职员信息

设置职员信息一般包括输入职员编号、姓名、性别、所属部门、身份证号等,其目的在于方便进行个人往来核算和管理等操作。

3. 往来单位信息:客户、供应商

设置客户信息是指对与企业有业务往来核算关系的客户进行分类并设置其基本信息,一般包括输入客户编码、分类、名称、开户银行、联系方式等。其目的是方便企业录入、统计和分析客户数据与业务数据。

设置供应商信息是指对与企业有业务往来核算关系的供应商进行分类并设置其基本信息,一般包括输入供应商编码、分类、名称、开户银行、联系方式等。其目的是方便企业对采购、库存、应付账款等进行管理。

真题解析

【例题 3-8】 (实务操作题)
1. 设置部门档案,部门档案资料如下表所示。

部门编码	部门名称	部门属性
101	综合部	综合管理
102	财务部	财务管理

操作方法见下图：

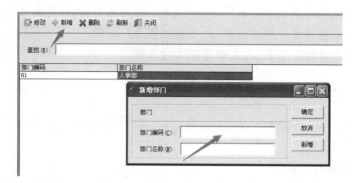

2. 设置职员档案，职员档案资料如下表所示。

职员编码	职员名称	所属部门	职员属性
101	赵淼	财务部	会计主管
102	王毅	财务部	出纳
201	赵飞	销售中心	部门经理
202	孙科	销售中心	业务员

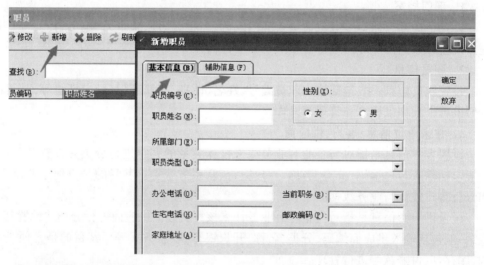

（三）设置收付结算方式

设置收付结算方式一般包括设置结算方式编码、结算方式名称等，目的是建立和管理企业在经营活动中所涉及的货币结算方式，方便银行对账、票据管理和结算票据的使用。

真题解析

【例题3-9】（实务操作题）设置结算方式。A科技采用的结算方式如下表所示。

结算(付款)方式

付款方式编码	付款方式名称
1	现金
2	转账支票

操作方法见下图：

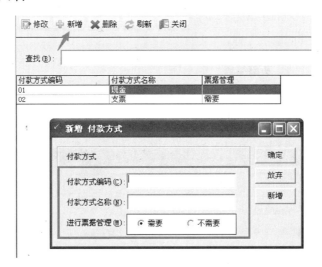

(四) 设置凭证类别

设置凭证类别是指对记账凭证进行分类编制。

用户应该设置凭证类别限制条件和限制科目,组成凭证类别校验的标准。

在会计软件中,系统通常提供的限制条件包括借方必有、贷方必有、凭证必有、凭证必无、无限制等。凭证类别的限制科目是指限制该凭证类别所包含的科目。

系统一般提供五种常用分类方式供选择:记账凭证;收款、付款、转账凭证;现金、银行、转账凭证;现金收款、现金付款、银行收款、银行付款、转账凭证;自定义凭证类别。

凭证类别设置完后,用户应该设置凭证类别限制条件和限制科目,组成凭证类别校验的标准,供系统对录入的记账凭证进行输入校验,以便检查录入的凭证信息和选择的凭证类别是否相符。

在记账凭证录入时,如果录入的记账凭证不符合用户设置的限制条件或限制科目,则系统会提示错误,要求修改,直至符合为止。

在录入凭证之前,应进行凭证类别的设置;已使用的凭证类别不能删除,也不能修改类别;若限制科目为非末级科目,则在制单时,其所有的下级科目都将受到同样的限制。

(五) 设置外币

为了处理外币辅助核算,便于会计核算软件进行日常外币业务核算和期末处理汇兑损益,会计核算软件提供了外币币种和汇率设置功能。设置外币是指当企业有外币核算业务时,设置所使用的外币币种、核算方法和具体汇率。用户可以增加、删除币别。通常在设置外币时,需要输入币符、币名、固定汇率或浮动汇率、记账汇率和折算方式等信息。

 **真题解析**

【**例题 3-10**】 （实务操作题）设置某科技公司外币及汇率。资料如下：
币符：USD；币名：美元。
汇率小数位：2；1月份美元记账汇率：6.8。
折算方式：外币×汇率＝本位币。
操作方法见下图：

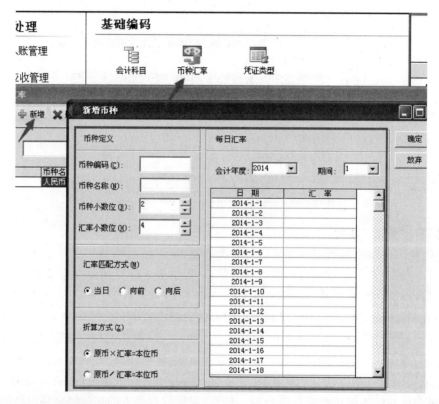

（六）设置会计科目

设置会计科目就是将会计核算所使用的会计科目录入到会计核算软件中。设置会计科目是填制会计凭证、记账、编制报表等各项工作的基础。

1. 增加、修改或删除会计科目

系统通常会提供预置的会计科目。用户可以直接引入系统提供的预置会计科目，在此基础上根据需要，增加、修改、删除会计科目。如果企业所使用的会计科目与预置的会计科目相差较多，用户也可以根据需要自行设置全部会计科目。

增加会计科目时，应遵循先设置上级会计科目再设置下级会计科目的顺序。会计科目编码、会计科目名称不能为空。增加的会计科目编码必须遵循会计科目编码方案。删除会计科目时，必须先从末级会计科目删除。删除的会计科目不能为已经使用的会计科目。

【提示】

（1）增加会计科目时，应遵循先设置上级会计科目再设置下级会计科目的顺序。会计科目编码、会计科目名称不能为空。增加的会计科目编码必须遵循会计科目编码方案。各级科目编码必须唯一。

（2）删除会计科目时应遵循"自下而上"的原则，即必须先从末级会计科目删除。删除的会计科目不能为已经使用的会计科目。

（3）科目一经使用，只能增加同级科目，不能在该科目下增设下级科目。

（4）指定会计科目是指指定出纳专管的科目，指定科目后，才能执行出纳签字，才能查看现金或银行存款日记账。

（5）辅助核算一般设置在末级科目上。某一会计科目可以同时设置多种相容的辅助核算。

真题解析

【例题3-11】（判断题）科目一经使用，即已经出现余额后，不允许修改或删除该科目。（　　）

【答案】　√

【解析】　科目一经使用，即已经出现余额后，不允许修改或删除该科目。

【例题3-12】（单选题）下列关于会计科目的说法，正确的是（　　）。

A. 会计科目使用后，不能删除　　　　B. 会计科目编码可以修改

C. 会计科目建立后，不能删除和修改　　D. 会计科目可以随时删除

【答案】　A

【解析】　会计科目使用后，不能删除。

【例题3-13】（判断题）删除未使用的会计科目时，应先删除上一级科目，然后再删除本级科目。（　　）

【答案】　×

【解析】　修改或删除会计科目应遵循"自下而上"的原则，即先删除或修改下一级科目，然后再删除或修改本级科目。

2. 指定科目

指定科目是指选定库存现金、银行存款科目，供出纳管理使用，所以在查询库存现金、银行存款日记账前，必须指定现金、银行存款总账科目。

指定科目主要包括指定"现金科目"、"银行科目"和"现金流量科目"等。完成了指定科目后，出纳管理的相关功能便可以执行。如果指定科目已被制过单或已录入期初余额，则不能删除、修改该科目。如果要修改该科目，必须先删除有该科目的凭证，并将该科目及其下级科目余额清零，再进行修改，修改后还要将余额及凭证补上。指定的现金流量科目供定义现金流量表时取数函数使用，所以在录入凭证时，对指定的现金流量科目系统自动弹出窗口要求指定当前录入分录的现金流量项目。

3. 设置科目属性

（1）会计科目编码。会计科目编码按照会计科目编码规则进行。会计科目由科目编码和科目名称两部分构成。全编码＝本级编码＋上级编码；（科目全编码）先有上级科目，才能建立下级明细科目。科目编码中的一级科目编码必须符合现行的会计制度。科目编码用数字、英文字母等表现，避免用如&、@、空格等其他字符。

在对会计科目编码时，一般应遵守以下原则：

① 唯一性：每个编码必须唯一地标识某一个科目，不可重复。

② 统一性：所有会计科目的编码标准必须遵守统一的编码方案。

③ 扩展性：编码既要适应企业当前核算的要求，又要考虑将来企业业务发展的变化，在设计编码时应注意保留一些空间，以方便将来科目的增减变动。

④ 合法性：凡是会计制度已统一编号的科目，都必须采用制度规定的编号作为科目编码，一般不得自定标准，以保持核算口径的一致性，提高数据的可比性。

真题解析

【例题3-14】 （单选题）下列科目代码符合规则的是（　　）。

A. 1201.B　　　　B. 1308.七　　　　C. 3204@2　　　　D. 1326&C

【答案】　A

【解析】　科目编码必须唯一，科目编码必须按其级次的先后顺序确立，科目编码用数字、英文字母等表现，避免用如&、@、空格等其他字符。

【例题3-15】 （判断题）会计核算系统中一级会计科目和二级科目的编码都应当按照国家统一会计制度的要求确定。（　　）

【答案】　×

【解析】　二级科目设置按适合自身业务特点建立。

（2）会计科目名称。科目名称指本级名称，分为中文名称和英文名称，不能同时为空。从会计软件的要求来看，企业所使用的会计科目的名称可以是汉字、英文字母、数字等符号，但不能为空。

（3）会计科目类型。按照国家统一的会计准则制度的要求，会计科目按其性质划分为资产类、负债类、共同类、所有者权益类、成本类和损益类共六种类型，科目编码第一位数字对应科目类型。例如"1"开头的是资产类科目；"2"开头的科目是负债类；依次类推。用户可以选择一级会计科目所属的科目类型。如果增加的是二级或其以下会计科目，则系统将自动与其一级会计科目类型保持一致，用户不能更改。

（4）账页格式。用于打印时的默认格式，一般可以分为普通三栏式、数量金额式、外币金额式等格式。

（5）科目性质（余额借贷方向）。一级科目必须选择输入。资产类、成本类：借方；负债类、所有者权益类：贷方；损益类中的费用类：借方；损益类中的收入类：贷方。只能在一级科目设置科目性质，下级科目与一级科目相同。已有数据的科目不能再修改科目性质。

（6）数量核算。用于设定该会计科目是否有数量核算。如果有数量核算,则需设定数量计量单位。

（7）余额方向。用于定义该会计科目余额默认的方向。一般情况下,资产类、成本类、费用类会计科目的余额方向为借方,负债类、权益类、收入类会计科目的余额方向为贷方。

（8）日记账和银行账。一般情况下,根据核算要求,库存现金科目要设为日记账;银行存款科目要设为银行账和日记账。

（9）辅助核算。辅助核算包括部门核算、个人往来核算、客户往来核算、供应商往来核算、项目核算五种专项核算。设置辅助核算后,数据录入时,需要输入不同的附加内容。

真题解析

【例题3-16】 （多选题）（　　）属于部门档案设置的内容。
A. 部门编码　　　B. 部门名称　　　C. 部门属性　　　D. 部门负责人
【答案】　ABCD
【解析】　设置企业部门档案一般包括输入部门编码、名称、属性、负责人、电话、传真等。

【例题3-17】 （判断题）企业设置结算方式,方便银行对账、票据管理和结算票据的使用。（　　）
【答案】　√
【解析】　企业设置结算方式,其目的是建立和管理企业在经营活动中所涉及的货币结算方式,方便银行对账、票据管理和结算票据的使用。

【例题3-18】 （多选题）下列关于凭证类别设置的表述,正确的有（　　）。
A. 软件中最多只能设置三种凭证类别
B. 凭证类别设置中,可以限制某类凭证借方必须使用某些科目
C. 凭证类别设置中,可以限制某类凭证借方不能使用某些科目
D. 凭证类别设置完成后不能再增加新的类别
【答案】　BC
【解析】　该题考核凭证类别设置的知识点。

【例题3-19】 （判断题）科目性质（指借方/贷方）是随时可以修改的。（　　）
【答案】　×
【解析】　有数据的科目不能再修改科目性质。

【例题3-20】 （单选题）辅助核算要设置在（　　）会计科目上。
A. 一级　　　　B. 二级　　　　C. 总账　　　　D. 末级
【答案】　D
【解析】　辅助核算要设置在末级会计科目上。

任务三 账务处理模块的应用

账务处理模块是以凭证为数据处理起点,通过凭证输入和处理,完成记账、对账、结账、账簿查询及打印输出等工作。

目前许多商品化的账务处理模块还包括往来款管理、部门核算、项目核算和管理及现金银行管理等一些辅助核算的功能。

一、账务处理模块初始化工作

总账初始设置是应用总账系统的基础工作,是由用户根据本企业的需要建立账务应用环境,包括制单控制、账簿打印控制、凭证打印等。

(一)设置模块控制参数

在会计软件运行之前,企业应该根据国家统一的会计准则制度和内部控制制度来选择相应的运行控制参数,以符合企业核算的要求。在账务处理模块中,常见的参数设置包括:凭证编号方式、是否允许操作人员修改他人凭证、凭证是否必须输入结算方式和结算号、现金流量科目是否必须输入现金流量项目、出纳凭证是否必须经过出纳签字、是否对资金及往来科目实行赤字提示、是否允许删除业务系统凭证等。

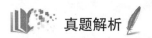
真题解析

【例题3-21】 (多选题)账务处理模块初始化参数设置包括(   )。
A. 凭证编号方式 B. 是否允许操作人员修改他人凭证
C. 凭证是否必须输入结算方式和结算号 D. 出纳凭证是否必须经过出纳签字
【答案】 ABCD
【解析】 本题考核账务处理模块参数设置的内容。在账务处理模块中,常见的参数设置包括:凭证编号方式、是否允许操作人员修改他人凭证、凭证是否必须输入结算方式和结算号、现金流量科目是否必须输入现金流量项目、出纳凭证是否必须经过出纳签字、是否对资金及往来科目实行赤字提示等。

(二)录入会计科目初始数据

会计科目初始数据录入是指第一次使用账务处理模块时,用户需要在开始日常核算工作前将会计科目的初始余额以及发生额等相关数据输入到系统中。

1. 录入会计科目期初余额

在系统中一般只需要对末级科目录入期初余额,系统会根据下级会计科目自动汇总生成上级会计科目的期初余额。如果会计科目设置了数量核算,用户还应该输入相应的数量和单价;如果会计科目设置了外币核算,用户应该先录入本币余额,再录入外币余额;如果会计科目设置了辅助核算,用户应该从辅助账录入期初明细数据,系统会自动汇总并生成会计科目的期初余额。

2. 录入会计科目本年累计发生额

用户如在会计年度初建账,只需将各个会计科目的期初余额录入到系统中即可;用户如在会计年度中建账,则除了需要录入启用月份的月初余额外,还需录入本年度各会计科目截至上月份的累计发生额。系统一般能根据本月月初数和本年度截至上月份的借、贷方累计发生数,自动计算出本会计年度各会计科目的年初余额。可归纳为:

(1) 年初建账:

年初余额 = 期初余额

(2) 年中建账:

年初余额 ± 本年累计发生额 = 期初余额

【提示】

(1) 一般只需要对末级科目录入期初余额,系统会根据下级会计科目自动汇总生成上级会计科目的期初余额。

(2) 如果设置了数量核算、外币核算以及辅助核算,则应该先录入数量和单价、本币和外币、辅助账数据。

(3) 在期初余额录入完毕后,用户应该进行试算平衡。

(4) 期初余额未录入完毕,仍可以输入记账凭证,但是不能记账。

(5) 一经记账,则不能再录入、修改期初余额。

真题解析

【例题3-22】 (判断题)在系统中一般只需要对末级科目录入期初余额,系统会根据下级科目自动汇总生成上级科目的期初余额。( )

【答案】 √

【解析】 本题考核科目初始数据的录入。

【例题3-23】 (多选题)企业在某年6月1日开始使用会计核算软件,在录入科目初始数据时,需要录入的项目有( )。

A. 各科目的年初金额 B. 6月初余额
C. 1至5月借方累计发生额 D. 1至5月贷方累计发生额

【答案】 BCD

【解析】 用户在会计年度中建账,则除了需要录入启用月份的月初余额外,还需录入本年度各会计科目截至上月份的累计发生额。

二、账务处理模块日常处理

账务处理模块日常业务处理的任务是会计日常主要工作,通过输入和处理记账凭证,完成记账工作,查询和打印各种日记账、明细账和总分类账,同时进行辅助核算管理。包括凭证管理、出纳管理和账簿查询等功能。

（一）凭证管理

凭证管理是会计日常最频繁的工作,是系统数据的唯一入口,其正确性保障输出的各类账簿和报表的正确性。包括:凭证录入、凭证修改、凭证审核、凭证记账和凭证查询等。

1. 凭证录入

凭证录入有两种方式,一种称为后台处理方式,先由手工填制记账凭证,审核后再录入计算机系统;另一种称为前台处理方式,根据审核无误的原始凭证直接输入计算机系统内的记账凭证。

（1）凭证录入的内容。

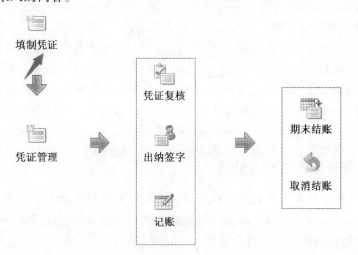

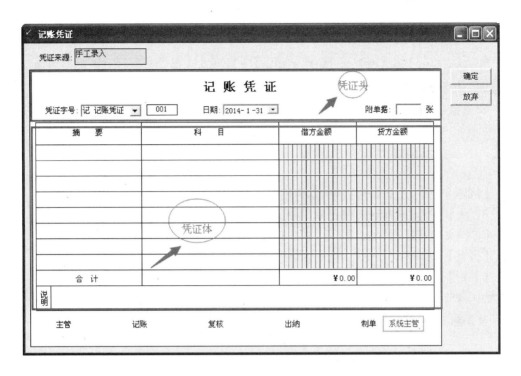

◆ 凭证头

① 凭证类别。凭证类别是在初始化时设置的。

② 凭证编号。凭证编号是凭证的唯一标识。同一类别凭证按月从1号凭证开始连续编号，不允许重号和漏号。凭证编号为必填内容。凭证一旦保存，其凭证类别、凭证编号不能修改。

真题解析

【例题3-24】（多选题）凭证一旦保存，（　　）不得再做修改。
A．凭证科目　　　　　　　　　B．凭证类别
C．凭证金额　　　　　　　　　D．凭证编号
【答案】 BD
【解析】 凭证一旦保存，其凭证类别、凭证编号不能修改。

③ 制单日期。系统自动取进入账务处理资源系统前输入的业务日期为记账凭证填制日期，如果日期不正确，可进行修改或参照输入。

制单序时控制：不允许输入的日期比本月同类型的上一张凭证日期小，除非操作人员进入凭证设置功能，取消制单序时控制。

④ 附单据数。输入凭证的原始单据的张数，可以不输入。

◆ 凭证体

⑤ 摘要。输入本笔分录的业务说明，摘要要求简洁明了。

⑥ 会计科目。填制凭证时必须录入到会计科目的最末级。会计科目为必填内容。录入会计科目时，会计软件允许输入科目编码、助记码或科目名称。

⑦ 辅助核算信息。辅助核算信息包括客户往来、供应商往来、个人往来、部门核算、项目核算。

⑧ 发生金额。录入发生金额时，必须满足"有借必有贷、借贷必相等"的记账凭证要求，并且在一个科目后，不能同时出现借方金额和贷方金额。发生金额为必填内容。

发生金额的输入有直接输入和计算产生两种情况。

真题解析

【例题 3-25】（多选题）记账凭证输入的基本内容有（　　）。
A. 凭证字号、日期和附件张数　　B. 期初余额和期末余额
C. 摘要和科目　　　　　　　　　D. 借、贷方金额

【答案】 ACD

【解析】 会计核算软件应当提供输入记账凭证的功能，输入的项目包括填制凭证日期、凭证编号、经济业务内容摘要、会计科目或编号、金额等。输入的记账凭证的格式和种类应当符合国家统一会计制度的规定。

（2）凭证录入的输入校验。在凭证实时校验时，系统会对凭证内容的合法性进行校验。校验的内容包括：

① 会计科目是否存在，即会计科目是否是初始化时设置的会计科目；
② 会计科目是否为末级科目；
③ 会计科目是否符合凭证的类别限制条件；
④ 发生额是否满足"有借必有贷，借贷必相等"的记账凭证要求；
⑤ 凭证必填内容是否填写完整；
⑥ 手工填制凭证号的情况下还需校验凭证号的合理性。

2. 凭证修改

（1）凭证修改的内容。凭证可以修改的内容一般包括摘要、科目、辅助项、金额及方向、增删分录等，凭证类别和编号不能修改。在对凭证进行修改后，系统仍然会按照凭证录入时的校验标准来对凭证内容进行检查，只有满足了校验条件后，才能进行保存。其他系统传递的凭证不能在总账系统中进行修改，只能在生成该凭证的系统中进行修改。

① 错误凭证的"无痕迹"修改。包括未审核或审核未通过的凭证和虽已通过审核但还未记账的凭证。

② 错误凭证的"有痕迹"修改。对已记账的错误凭证可以采用"红字冲销法"和"补充登记法"来修改凭证中的错误。

（2）凭证修改的操作控制。

① 修改未审核或审核标错的凭证。对未审核的凭证或审核标错的凭证，可以由填制人直接进行修改并保存。审核标错的凭证在修改正确后，出错的标记将会消失。

② 修改已审核而未记账的凭证。经过审核人员审核，并已签章而未记账的凭证，如果存在错误需要修改，应该由审核人员首先在审核模块中取消对该凭证的审核标志，使凭证恢复到未审核状态，然后再由制单人员对凭证进行修改。

③ 修改已经记账的凭证。如果发现已经记账的凭证存在错误,用户可以使用红字冲销法或蓝字补充法进行修改。

真题解析

【例题3-26】 (单选题)已审核未记账的凭证,修改方法为( )。
A. 不能修改　　　　　　　　　B. 直接修改
C. 先作废,后修改　　　　　　D. 先取消审核再修改
【答案】 D
【解析】 凭证一经审核,不能被修改、删除,只有取消审核签字后才能修改、删除,已标记作废的凭证不能被审核,需先取消作废标记后才能审核。

3. 凭证审核

(1) 凭证审核功能。审核凭证是指审核人员按照国家统一会计准则制度规定,对于完成制单的记账凭证的正确性、合规合法性等进行检查核对,审核记账凭证的内容、金额是否与原始凭证相符,记账凭证的编制是否符合规定,所附单据是否真实、完整等。

(2) 凭证审核的操作控制。
① 审核人员和制单人员不能是同一人;
② 审核凭证只能由具有审核权限的人员进行;
③ 已经通过审核的凭证不能被修改或者删除,如果要修改或删除,需要审核人员取消审核签字后,才能进行;
④ 审核未通过的凭证必须进行修改,并通过审核后方可被记账。

真题解析

【例题3-27】 (单选题)下列工作中,一定不属于录入员工作的是( )。
A. 录入凭证　　　　　　　　　B. 汇总账簿
C. 审核凭证　　　　　　　　　D. 打印账簿
【答案】 C
【解析】 审核人和制单人(录入员)不能是同一个人。

【例题3-28】 (单选题)下列关于凭证审核的表述,不正确的是( )。
A. 一张凭证可能经多次审核
B. 会计人员少的单位,可以由凭证录入人员审核自己录入的凭证,但必须使用不同账户操作
C. 凭证录入人员不能审核自己录入的凭证
D. 凭证记账后不能取消审核
【答案】 B
【解析】 该题考核凭证审核的操作控制:① 审核人员和制单人员不能是同一人,所以B选项错误;② 审核凭证只能由具有审核权限的人员进行;③ 已经通过审核的凭证不能被修改或者删除,如果要修改或删除,需要审核人员取消审核签字后,才能进行;④ 审核未通过

的凭证必须进行修改,并通过审核后方可被记账;⑤ 作废凭证和已标错凭证不能被审核。

4. 凭证记账

(1)记账功能。计算机账务处理中的记账过程首先是一个数据传递的过程,把经过审核签章的、要求记账的记账凭证从录入凭证数据库文件中,传递到记账凭证数据库文件中,这一工作由计算机自动完成。经过记账的凭证是不能修改的。

(2)记账的操作控制。

① 上月未结账,本月不可记账;

② 未被审核的凭证不能记账,记账范围应小于等于已审核范围;

③ 一个月可以一天记一次账,也可以一天记多次账,还可以多天记一次账;

④ 记账过程中,不应人为地终止记账;

⑤ 期初余额不平衡,不能记账。

真题解析

【例题3-29】 (判断题)账务处理系统中,记账功能每月只能用一次。(　　)

【答案】 ×

【解析】 该题考核记账的操作控制知识点。记账功能每月可多次记账。

【例题3-30】 (单选题)关于记账的效果,正确的说法是(　　)。

A. 记账后凭证不能再进行修改　　B. 记账后产生新的会计核算数据

C. 记账后不能再输入本期会计凭证　D. 记账后的凭证才能进行汇总

【答案】 A

【解析】 该题考核记账的控制:① 记账后凭证不能再进行修改,也就是记账凭证数据库文件中的数据是不能修改的,由此形成了会计核算系统稳定的数据,所以选项 A 正确;② 记账只是对审核后的凭证做记账标记,不产生新的会计核算数据;③ 每月可多次记账,也就是记账后可以再输入本期会计凭证;④ 未记账的凭证也可以进行汇总。选项 BCD 错误。

5. 凭证查询

在会计业务处理过程中,用户可以查询符合条件的凭证,以便随时了解经济业务发生的情况。总账系统的填制凭证功能不仅是各账簿数据的输入口,同时也提供了强大的信息查询功能。具体体现在:

(1)丰富灵活的查询条件,既可按凭证类别、制单日期等一般条件查询,也可按摘要、科目等辅助条件查询。

(2)联查明细账、辅助明细及原始单据。

真题解析

【例题3-31】 (判断题)凭证可以按照是否已审核、已记账来查询,也可以按照凭证号范围查询,甚至可以按照金额大小来查。(　　)

【答案】 ✓

【解析】 总账系统的填制凭证功能不仅是各类账簿数据的输入口,同时也提供了强大的信息查询功能。具体体现在:① 丰富灵活的查询条件,包括凭证可以按照是否已审核、已记账来查询,也可以按照凭证号范围查询,甚至可以按照金额大小来查询;② 联查明细账、辅助明细及原始单据。

(二)出纳管理

出纳主要负责现金和银行存款的管理。出纳管理的主要工作包括:现金日记账、银行存款日记账和资金日报表的管理,支票管理,进行银行对账并输出银行存款余额调节表。

1. 现金日记账、银行存款日记账及资金日报表的管理

出纳对现金日记账和银行存款日记账的管理包括查询和输出现金及银行存款日记账。

(1)出纳签字。由出纳人员通过出纳签字功能,对制单员填制的出纳凭证进行检查核对,核对的主要内容是出纳凭证的出纳科目金额是否正确。审核有错误或异议的凭证应交凭证制单员修改后再审核。

(2)日记账及资金日报表。日记账包括库存现金和银行存款日记账,查询时只限于在科目设置时将其设置为指定现金科目或指定银行科目。

资金日报表以日为单位,列示现金、银行存款科目当日累计借方发生额和贷方发生额,计算出当日的余额,并累计当日发生的业务笔数,对每日的资金收支业务、金额进行详细汇报。出纳对资金日报表的管理包括查询、输出或打印资金日报表,提供当日借、贷金额合计和余额,以及发生的业务量等信息。

真题解析

【例题3-32】 (单选题)通常含有( )科目的凭证需由出纳签字。
A. 现金、银行存款　　　　　　B. 应收、应付
C. 负债类　　　　　　　　　　D. 资产类
【答案】 A
【解析】 通常含有现金、银行存款科目的凭证需由出纳签字。

【例题3-33】 (判断题)出纳签字是指出纳人员通过出纳签字功能对制单员填制的凭证进行检查核对。( )
【答案】 ×

【解析】 出纳签字是指出纳人员通过出纳签字功能对制单员填制的带有现金、银行存款科目的凭证进行检查核对。

2．支票管理

支票管理功能主要包括支票的购置、领用和报销。

（1）支票购置。支票购置是指对从银行新购置的空白支票进行登记操作。登记的内容包括购置支票的银行账号、购置支票的支票规则、购置的支票类型、购置日期等。

（2）支票领用。支票领用时应登记详细的领用记录，包括领用部门、领用人信息、领用日期、支票用途、支票金额、支票号、备注等。

（3）支票报销。对已领用的支票，在支付业务处理完毕后，应进行报销处理。会计人员应填制相关记账凭证，并填入待报销支票的相关信息，包括支票号、结算方式、签发日期、收款人名称、付款金额等。

真题解析

【例题3-34】 （单选题）下列选项中，不属于报销支票应该填入的信息的是（　　）。
A．支票号　　　　　　　　　　B．支票用途
C．结算方式　　　　　　　　　D．签发日期
【答案】 B
【解析】 支票报销的时候，应该填入的相关信息包括支票号、结算方式、签发日期、收款人名称、付款金额等。支票用途属于支票领用时应该登记的信息。

3．银行对账

银行对账是指在每月月末，企业的出纳人员对企业的银行存款日记账与开户银行发来的当月银行存款对账单进行逐笔核对，勾对已达账项，找出未达账项，并编制每月银行存款余额调节表的过程。会计软件中执行银行对账功能，具体步骤包括：银行对账初始数据录入、本月银行对账单录入、对账、银行存款余额调节表的编制等。

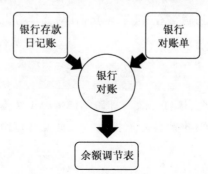

（1）银行对账初始数据录入。在首次启用银行对账功能时,需要事先录入账务处理模块启用日期前的银行和企业账户余额及未达账项,即银行对账的初始数据。从启用月份开始,上月对账的未达账项将自动加入到以后月份的对账过程中。

（2）银行对账单录入。对账前,必须将银行对账单的内容录入到系统中。录入的对账单内容一般包括入账日期、结算方式、结算单据字号、借方发生额、贷方发生额,余额由系统自动计算。

（3）对账。在会计电算化环境下,系统提供自动对账功能,即系统根据用户设置的对账条件进行逐笔检查,对达到对账标准的记录进行勾对,未勾对的即为未达账项。

系统进行自动对账的条件一般包括:业务发生的日期、结算方式、结算票号、发生金额相同等。其中,发生金额相同是对账的基本条件,对于其他条件,用户可以根据需要自定义选择。除了自动对账外,系统一般还提供手工对账功能。特殊情况下,有些已达账项通过设置的对账条件系统无法识别,这就需要出纳人员通过人工识别进行勾对。

（4）余额调节表的编制。对账完成后,系统根据本期期末的银行存款日记账的余额、银行对账单的余额对未达账项进行调整,自动生成银行存款余额调节表。调整后,银行存款日记账和银行对账单的余额应该相等。用户可以在系统中查询余额调节表,但不能对其进行修改。

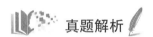

真题解析

【例题3-35】 （单选题）使用银行自动对账功能之前,应该进行(　　)。
A. 录入银行对账单　　　　　　　　B. 录入企业银行存款日记账
C. 自动对账　　　　　　　　　　　D. 已达账项删除
【答案】 A
【解析】 使用银行自动对账功能之前,应该进行录入银行对账单。

【例题3-36】 （多选题）录入银行对账单的内容包括(　　)。
A. 入账日期　　　　　　　　　　　B. 结算方式
C. 结算单据字号　　　　　　　　　D. 借贷方发生额
【答案】 ABCD
【解析】 本题考核银行对账单的内容。录入的对账单内容一般包括入账日期、结算方式、结算单据字号、借方发生额、贷方发生额,余额由系统自动计算。

4. 出纳管理应用的控制

（1）只有在会计科目设置中指定现金或银行存款科目才能进行出纳管理。

（2）经过出纳签字审核过的凭证,需取消出纳签字后才能修改。

5. 出纳签字(补充)

出纳签字针对涉及现金及银行存款的凭证(即收款凭证和付款凭证),必须经由出纳签字后才能允许记账,即:

凭证录入/修改→出纳签字→审核→记账

出纳签字和审核签字没有先后顺序。

需要出纳签字的,应先进行如下操作:

(1) 在总账系统的选项中设置"出纳凭证必须经由出纳签字"选项。
(2) 在总账系统初始化的科目设置中将"库存现金"指定为"现金总账科目","银行存款"指定为"银行总账科目"。

(三) 账簿查询

1. 科目账查询

(1) 总账查询。用于查询各总账科目的年初余额、各月发生额合计、期末余额以及本年累计金额。

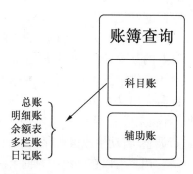

总账查询可以根据需要设置查询条件,如会计科目代码、会计科目范围、会计科目级别、是否包含未记账凭证等。在总账查询窗口下,系统一般允许联查当前会计科目当前月份的明细账。

(2) 明细账查询。用于查询各账户的明细发生情况,用户可以设置多种查询条件查询明细账,包括会计科目范围、查询期间、会计科目代码、是否包括未记账凭证等。在明细账查询窗口下,系统一般允许联查所选明细事项的记账凭证及联查总账。

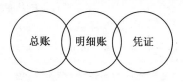

(3) 余额表查询。用于查询统计各级会计科目的期初余额、本期发生额、累计发生额和期末余额等。用户可以设置多种查询条件。利用余额表可以查询和输出总账科目、明细科目在某一时期内的期初余额、本期发生额、累计发生额和期末余额;可以查询和输出某会计科目范围在某一时期内的期初余额、本期发生额、累计发生额和期末余额;可以查询和输出包含未过账凭证在内的最新发生额及期初余额和期末余额。

(4) 多栏账查询。多栏账即多栏式明细账,用户可以预先设计企业需要的多栏式明细账,然后按照明细科目保存为不同名称的多栏账。查询多栏账时,用户可以设置多种查询条件,包括多栏账名称、期间、是否包含未记账凭证等。

(5) 日记账查询。用于查询除现金日记账、银行存款日记账之外的其他日记账。用户可以查询输出某日所有会计科目(不包括现金、银行存款会计科目)的发生额及余额情况。用户可以设置多种查询条件,包括查询日期、会计科目级次、会计科目代码、币别、是否包含未记账凭证等。

2. 辅助账查询

辅助账查询一般包括客户往来、供应商往来、个人往来、部门核算、项目核算的辅助总账、辅助明细账查询。在会计科目设置时,如果某一会计科目设置了多个辅助核算,则在输出时会提供多种辅助账簿信息。

真题解析

【例题3-37】 （判断题）在明细账查询窗口下,系统一般允许联查所选明细事项的记账凭证及联查总账。（   ）

【答案】 √

【解析】 在明细账查询窗口下,系统一般允许联查所选明细事项的记账凭证及联查总账。

三、账务处理模块期末处理

账务处理模块的期末处理是指会计人员在每个会计期间的期末所要完成的特定业务,主要包括会计期末的转账、对账、结账等。

（一）自动转账

自动转账是指对于期末那些摘要、借贷方会计科目固定不变,发生金额的来源或计算方法基本相同,相应凭证处理基本固定的会计业务,将其既定模式事先录入并保存到系统中,在需要的时候,让系统按照既定模式,根据对应会计期间的数据自动生成相应的记账凭证。自动转账的目的在于减少工作量,避免会计人员重复录入此类凭证,提高记账凭证录入的速度和准确度。

1. 自动转账的步骤

（1）自动转账定义。自动转账定义是指对需要系统自动生成凭证的相关内容进行定义。在系统中事先进行自动转账定义,设置的内容一般包括编号、凭证类别、摘要、发生会计科目、辅助项目、发生方向、发生额计算公式等。

（2）自动转账生成。自动转账生成是指在自动转账定义完成后,用户每月月末只需要执行转账生成功能,即可快速生成转账凭证,并被保存到未记账凭证中。

用户应该按期末结转的顺序来执行自动转账生成功能。此外,在自动转账生成前,应该将本会计期间的全部经济业务填制记账凭证,并将所有未记账凭证审核记账。

保存系统自动生成的转账凭证时,系统同样会对凭证进行校验,只有通过系统校验的凭证才能进行保存。生成后的转账凭证将被保存到记账凭证文件中,制单人为执行自动转账生成的操作员。自动生成的转账凭证同样要进行后续的审核、记账。

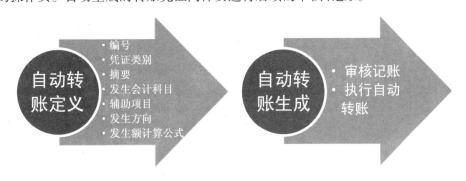

📖 **真题解析**

【例题3-38】（多选题）自动转账定义设置的内容一般包括（　　）。
A．编号　　　　　　　　　　　　B．凭证类别
C．摘要　　　　　　　　　　　　D．会计科目及发生额计算公式
【答案】　ABCD
【解析】　本题考核自动转账定义设置的内容，一般包括编号、凭证类别、摘要、发生会计科目、辅助项目、发生方向、发生额计算公式等。

2. 常用的自动转账功能

（1）自定义转账。自定义转账包括自定义转账定义和自定义转账生成。自定义转账定义允许用户通过自动转账功能自定义凭证的所有内容，然后用户可以在此基础上执行转账生成。

（2）期间损益结转。期间损益结转包括期间损益定义和期间损益生成，期间损益结转用于在一个会计期间结束时，将损益类科目的余额结转到本年利润科目中，从而及时反映企业利润的盈亏情况。用户应该将所有未记账凭证审核记账后，再进行期间损益结转。在操作时需要设置凭证类别，一般凭证类别为转账凭证。执行此功能后，一般系统能够自动搜索和识别需要进行损益结转的所有科目（即损益类科目），并将它们的期末余额（即发生净额）转到本年利润科目中。

📖 **真题解析**

【例题3-39】（单选题）结转期间损益生成的凭证类型为（　　）。
A．转账凭证　　　　　　　　　　B．银行存款收款凭证
C．银行存款付款凭证　　　　　　D．原始凭证
【答案】　A
【解析】　期间损益生成的是转账凭证。

（二）对账

对账是指为保证账簿记录正确可靠，对账簿数据进行检查核对。对账主要包括总账和明细账、总账和辅助账、明细账和辅助账的核对。为了保证账证相符、账账相符，用户应该经常进行对账，至少一个月一次，一般可在月末结账前进行。只有对账正确，才能进行结账操作。

（三）月末结账

1. 月末结账功能

结账主要包括计算和结转各账簿的本期发生额和期末余额，终止本期的账务处理工作，并将会计科目余额结转至下月作为月初余额。结账每个月只能进行一次。

2. 期末结账操作的控制

结账工作必须在本月的核算工作都已完成,系统中数据状态正确的情况下才能进行。因此,结账工作执行时,系统会检查相关工作的完成情况,主要包括:

(1) 检查本月记账凭证是否已经全部记账,如有未记账凭证,则不能结账;
(2) 检查上月是否已经结账,如上月未结账,则本月不能结账;
(3) 检查总账与明细账、总账与辅助账是否对账正确,如果对账不正确则不能结账;
(4) 对会计科目余额进行试算平衡,如试算不平衡将不能结账;
(5) 检查损益类账户是否已经结转到本年利润,如损益类科目还有余额,则不能结账;
(6) 当其他各模块也已经启用时,账务处理模块必须在其他各模块都结账后,才能结账。

结账只能由具有结账权限的人进行。在结账前,最好进行数据备份,一旦结账后发现业务处理有误,可以利用备份数据恢复到结账前的状态。

真题解析

【例题 3-40】 (单选题)结账操作每月可进行( )次。
A. 一次　　　　B. 二次　　　　C. 三次　　　　D. 多次
【答案】 A
【解析】 每月只能结账一次,因此一般结账前应作数据备份。

【例题 3-41】 (多选题)账务处理系统进行期末结账处理时,要注意的几点是( )。
A. 各科目的摊、提、结转必须在结账以前完成
B. 当月输入的记账凭证必须全部记账
C. 上月未结账的本月无法记账
D. 每月只能结账一次
【答案】 ABCD
【解析】 期末结账操作控制的知识点。

任务四　固定资产管理模块的应用

固定资产是企业正常经营的必要条件,具有跨年度、存续期长、种类多的特点,固定资产日常业务较少,折旧核算是固定资产管理中最具特色的一项内容。固定资产管理模块主要是以固定资产卡片和固定资产明细账为基础,实现固定资产的会计核算,固定资产卡片的增加、删除、修改、查询,折旧计提和分配,以及设备管理等功能,同时提供了按类别、使用情况、所属部门和价值结构等进行分析、统计及各种条件下的查询、打印功能,以及该模块与其他模块的数据接口管理。

一、固定资产管理模块初始化工作

（一）设置控制参数

1. 设置启用会计期间

设置启用会计期间在第一次进入固定资产管理模块时进行。启用会计期间是指固定资产管理模块开始使用的时间。固定资产管理模块的启用会计期间不得早于系统中该账套建立的期间。

时间顺序：账套建立→账套启用→子系统启用。

2. 设置折旧相关内容

设置折旧相关内容一般包括：是否计提折旧、折旧率小数位数等。如果确定不计提折旧，则不能操作账套内与折旧有关的功能。

3. 设置固定资产编码

固定资产编码是区分每一项固定资产的唯一标识。

（二）设置基础信息

1. 设置折旧对应科目

系统在进行固定资产原值、折旧等数据处理时，需要按照企业各部门进行汇总、分析、处理等。某一部门内的固定资产的折旧费用可以归集到一个比较固定的会计科目。

比如，管理部门的固定资产折旧费用，要计入管理费用科目。对应折旧科目是指折旧费用的入账科目。资产计提折旧后必须把折旧归入成本或费用，根据不同企业的具体情况，有按部门归集的，也有按类别归集的。部门对应折旧科目的设置就是给每个部门选择一个折旧科目，这样在输入卡片时，该科目自动添入卡片中，不必一个一个地输入。

2. 设置增减方式

企业固定资产增加或减少的具体方式不同，其固定资产的确认和计量方法也不同。

固定资产增加的方式主要有：购入、接受投资、接受捐赠、融资租入、自建、盘盈、在建工程转入、其他增加等。

固定资产减少的方式主要有：出售、盘亏、其他减少等。

3．设置使用状况

不同使用状况的固定资产折旧计提处理也有区别，需要根据使用状况设置相应的折旧规则。

固定资产使用状况包括：正常使用、融资租入、经营性租出、季节性停用、大修理停用、不需要和未使用。

4．设置折旧方法

折旧方法通常包括：平均年限法、工作量法、年数总和法和双倍余额递减法等。系统一般会列出每种折旧方法的默认折旧计算公式，企业也可以根据需要，定义适合自己的折旧方法的名称和计算公式。

5．设置固定资产类别

固定资产种类繁多，规格不一，需建立科学的固定资产分类体系。为强化固定资产管理，企业可根据自身的特点和管理方法，确定一个较为合理的固定资产分类方法。在资产类别中，可以设置使用年限、净残值率、计量单位、折旧方法、固定资产科目、累计折旧科目、减值准备科目、卡片编码规则等。

这些属性直接决定固定资产的折旧和减值等会计核算。

（三）录入原始卡片

固定资产卡片是固定资产核算和管理的数据基础。

固定资产卡片记录每项固定资产的详细信息，一般包括固定资产编码、名称、类别、规格型号、使用部门、增加方式、使用状况、预计使用期间数、预计净残值、折旧方法、开始使用日期、原值、累计折旧等。

启用日期之后的固定资产使用固定资产增加，之前的使用原始卡片，原始卡片上所记录的资产的开始使用日期一定小于固定资产系统的启用日期。在初始使用固定资产模块时，应该录入当期期初（即上期期末）的固定资产数据，作为后续固定资产核算和管理的起始基础。

真题解析

【例题 3-42】（单选题）会计软件中，固定资产的唯一标识是（　　）。
A．固定资产名称　　　　　　　　B．固定资产类别
C．固定资产增加方式　　　　　　D．固定资产编码
【答案】　D
【解析】　固定资产编码是区别固定资产的唯一标识。

【例题 3-43】（判断题）会计软件中，企业只能选择直线法计提折旧。（　　）
【答案】　×
【解析】　会计软件中的折旧方法包括直线法（平均年限法）、工作量法、年数总和法和双倍余额递减法等。

二、固定资产管理模块日常处理

企业日常运营中,会发生固定资产相关业务,一般包括固定资产增加、减少、变动等。

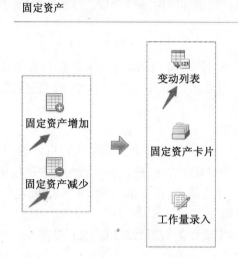

(一)固定资产增加

固定资产增加是指企业购进或通过其他方式增加固定资产。资产增加需要输入一张新的固定资产卡片,录入增加的固定资产的相关信息、数据,与固定资产期初输入相对应。固定资产增加一般有三个基本途径:固定资产的购入、固定资产的购建、固定资产的盘盈。

(二)固定资产减少

固定资产减少是指在使用过程中,由于各种原因(如毁损、出售、盘亏等)固定资产退出企业,此时要做固定资产减少处理,一般包括固定资产调出、报废和盘亏三种情况。固定资产减少后还要生成凭证。固定资产减少业务的核算不是直接减少固定资产的价值,而是输入资产减少卡片,说明减少原因,记录业务的具体信息和过程,保留审计线索。

(三)固定资产变动

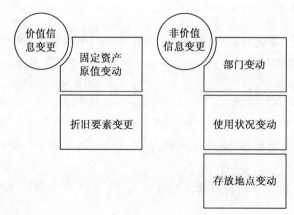

1. 价值信息的变更

(1)固定资产原值变动。固定资产使用过程中,其原值变动的原因一般包括:根据国家规定,对固定资产重新估价;增加补充设备或改良设备;将固定资产的一部分拆除;根据实际价值调整原来的暂估价值;发现原记录固定资产的价值有误,等等。

（2）折旧要素的变更。折旧要素的变更包括使用年限调整、折旧方法调整、预计净残值调整、累计折旧调整等。

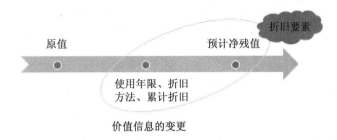

价值信息的变更

2. 非价值信息变更

固定资产非价值信息变更包括固定资产的使用部门变动、使用状况变动、存放地点变动等。

（四）生成记账凭证

设置固定资产凭证处理选项之后,固定资产管理模块对于需要填制记账凭证的业务能够自动完成记账凭证填制工作,并传递给账务处理模块。

真题解析

【例题 3-44】（单选题）固定资产变动包括(　　)。
A．部门转移　　　　B．净残值调整　　　　C．工作量调整　　　　D．三者都是
【答案】 D
【解析】 固定资产变动包括原值变动、部门转移、使用状况变动、使用年限调整、折旧方法调整、变动单管理(由于原值、累计折旧、净残值、折旧方法、使用年限、使用状况的变动)。

三、固定资产管理模块期末处理

（一）计提折旧

固定资产管理模块提供自动计提折旧的功能。

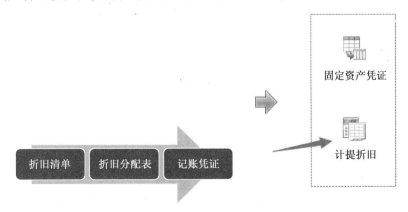

初次录入固定资产原始卡片时,应将固定资产的原值、使用年限、残值(率)以及折旧计提方法等相关信息录入系统。在期末,系统利用自动计提折旧功能,对各项固定资产按照定义的折旧方法计提折旧,并将当期的折旧额自动累计到每项资产的累计折旧项目中,并减少固定资产账面价值。然后,系统将计提的折旧金额依据每项固定资产的用途归属到对应的成本、费用项目中,生成折旧分配表,并以此为依据,制作相应的记账凭证,并传递给账务处理模块。

计提折旧应遵循的原则:

(1)在一个期间内可以多次计提折旧,每次计提折旧后,只将计提的折旧累加到月初的累计折旧上,不会重复累计。

(2)凭证已传递到总账系统,需删除凭证后才能重新计提折旧。

(3)计提折旧后又发生折旧变动,需重新计提。(凭证查询中删除)

(4)若自定义的折旧方法月折旧率或月折旧额出现负数,系统自动中止计提。

(5)在录入固定资产卡片时,一项固定资产可以对应多个使用部门,其折旧也可以对应多个转账科目。

真题解析

【例题3-45】(判断题)在录入固定资产卡片时,一项固定资产可以对应多个使用部门,其折旧也可以对应多个转账科目。(　　)

【答案】✓

【解析】 在录入固定资产卡片时,一项固定资产可以对应多个使用部门,其折旧也可以对应多个转账科目。

(二)对账

固定资产管理模块对账功能主要是指与账务处理模块进行对账。对账工作主要是为了保证固定资产管理模块的资产价值、折旧、减值准备等与账务处理模块中对应科目的金额相一致。

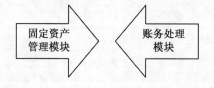

(三)月末结账

用户在固定资产管理模块中完成本月全部业务和生成记账凭证并对账正确后,可以进行月末结账。

真题解析

【例题3-46】(判断题)在月末结账之前必须在固定资产系统与账务系统之间进行对账,若对账平衡,才能开始月末结账。(　　)

【答案】 ✓

【解析】 固定资产系统与账务处理系统有密切关系,在正常情况下,固定资产系统管理的固定资产价值和财务系统中固定资产科目的数值应该是相等的。所以在月末结账之前必须在固定资产系统与账务系统之间进行对账,若对账平衡,才能开始月末结账。

(四) 相关数据查询

固定资产管理模块提供账表查询功能,用户可以对固定资产相关信息按照不同标准进行分类、汇总、分析和输出,以满足各方面管理决策的需要。

任务五　工资管理模块的应用

工资管理模块是进行工资核算和管理的模块,该模块以人力资源管理提供的员工及其工资的基本数据为依据,完成员工工资数据的收集、员工工资的核算、工资发放、工资费用的汇总和分摊、个人所得税计算及按照部门、项目、个人时间等条件进行工资分析、查询和打印输出,以及该模块与其他模块的数据接口管理。

工资是企业职工薪酬的重要组成部分,也是产品成本的计算内容,是企业进行各种费用计提的基础。工资核算与管理有自身的特点,表现为及时性、准确性要求高,涉及面广,数据采集要求较高,工资核算的重复性和规律性为电算化处理提供了方便。实行电算化处理后,工资核算的精度、速度和灵活性大大提高,从而大大减轻了会计人员的劳动强度,提高了工作效率。

工资管理模块的主要任务是:及时计算职工工资,正确计提和分配工资费用,同时登记有关的总账和明细账。

一、工资管理模块初始化工作

(一) 建立工资账套

初次使用工资管理模块,首先要建立工资账套。工资账套与系统管理中的账套是不同的概念,系统管理中的账套是针对整个核算系统的,而工资账套针对工资子系统。要建立工资账套,前提是在系统管理中建立本单位的核算账套。建立工资账套时可以根据建账向导分四步进行:参数设置、扣税设置、扣零设置、人员编码。

1. 参数设置

(1) 选择本账套处理所需的工资类别个数。

(2) 选择工资账套的核算币种。

2. 扣税设置

系统自动生成"代扣税"工资项目。

3. 扣零设置

扣零处理是指每次发放工资时将零头扣下,积累取整,于下次工资发放时补上。

4. 人员编码

工资核算中每个职工都有一个唯一的编码,人员编码的长度应结合企业部门设置和人员数量自行定义,但总长度不能超过系统提供的最大位数。

（二）设置基础信息

1. 设置工资类别

工资类别用于对工资核算范围进行分类。企业一般可按人员、部门或时间等设置多个工资类别。设置工资类别、人员类别、部门档案、工资项目等内容时,需关闭工资类别。

设置工资项目计算公式、设置人员档案、输入工资数据、定义工资转账关系、工资计算、设置所得税基数、工资费用分配等操作,需要在打开某一工资类别下进行。

2. 设置工资项目

设置工资项目是计算工资的基础,包括工资项目名称、类型、数据长度、小数位数、增减项等。预设的固定项目为应发合计、扣款合计、实发合计,这些项目不能删除和重命名。

3. 设置工资项目计算公式

设置计算公式就是定义某些工资项目的计算公式及工资项目之间的运算关系。固定项目计算公式不可更改,用户只能更改其他公式。例如,缺勤扣款＝基本工资/月工作日×缺勤天数。运用公式可直观表达工资项目的实际运算过程,灵活地进行工资计算处理。定义公式可通过选择工资项目、运算符、关系符、函数等组合完成。

系统固定的工资项目如"应发合计"、"扣款合计"、"实发合计"等的计算公式,系统根据工资项目设置的"增减项"自动给出。用户在此只能增加、修改、删除其他工资项目的计算公式。

4. 设置工资类别所对应的部门

设置工资类别所对应的部门后,可以按部门核算各类人员工资,提供部门核算资料。

5. 设置所得税

为了计算与申报个人所得税,需要对个人所得税进行相应的设置。设置内容具体包括:基本扣减额、所得项目、累进税率表等。

6. 设置工资费用分摊

企业在月内发放的工资,不仅要按工资用途进行分配,而且需要按工资一定比例计提某些费用。为此系统提供设置计提费用种类和设置相应科目的功能。

7. 人员档案

人员档案的设置用于登记工资发放人员的姓名、职工编号、所在部门、人员类别等信息,此外,员工的增减变动也必须在本功能中处理。人员档案的操作是针对某个工资类别的,即应先打开相应的工资类别。

人员档案管理包括增加、修改、删除人员档案,人员调离与停发处理,查找人员等。

（三）录入工资基础数据

第一次使用工资管理模块时必须将所有人员的基本工资数据录入计算机。由于工资数据具有来源分散等特点,工资管理模块一般提供以下数据输入方式:

(1) 单个记录录入。选定某一特定员工,输入或修改其工资数据。

(2) 成组数据录入。先将工资项目分组,然后按组输入。

(3) 按条件成批替换。对符合条件的某些工资项,统一替换为一个相同的数据。

(4) 公式计算。适用于有确定取数关系的数据项。

(5) 从外部直接导入数据。指通过数据接口将工资数据从车间、人事、后勤等外部系统导入工资管理模块。

真题解析

【例题 3-47】（单选题）工资管理系统的初始化设置不包括(　　)。
A. 设置工资项目　　　　　　　　B. 设置工资类别
C. 设置工资项目计算公式　　　　D. 工资变动数据的录入
【答案】 D
【解析】 设置基础信息包括设置工资类别、设置工资项目、设置工资项目计算公式、设置工资类别所对应的部门、设置所得税。选项 D 是工资管理模块日常处理业务。

【例题 3-48】（多选题）在工资管理模块,数据输入的方式有(　　)。
A. 从外部直接导入数据　　　　　B. 成组数据录入
C. 公式计算　　　　　　　　　　D. 单个记录录入
【答案】 ABCD
【解析】 由于工资数据具有来源分散等特点,工资管理模块一般提供以下数据输入方式:单个记录录入、成组数据录入、按条件成批替换、公式计算、从外部直接导入数据。

二、工资管理模块日常处理

(一) 工资计算

1. 工资变动数据录入

工资变动是指对工资可变项目的具体数额进行修改,以及对个人的工资数据进行修改、增删。工资变动数据录入是指输入某个期间内工资项目中相对变动的数据,如奖金、请假扣款等每个月发生变化的数据。

2. 工资数据计算

工资数据计算是指按照所设置的公式计算每位员工的工资数据。工资数据编辑中常用的操作方法有:

(1) 定位。快速寻找满足条件的第一条工资记录。

（2）过滤。这是一种根据所输入的条件对当前窗口显示的内容进行删减的方法,只显示需要的职工记录和工资项目,方便编辑。

（3）替换。针对某一工资项目规律性运算,一次更改多条记录数据。

（二）个人所得税计算

工资管理模块提供个人所得税自动计算功能,用户可以根据政策的调整,定义最新的个人所得税税率表,系统即可自动计算个人所得税。

（三）工资分摊

工资分摊是指对当月发生的工资费用进行工资总额的计算、分配及各种经费的计提,并自动生成转账凭证传递到账务处理模块。工资费用分摊项目一般包括应付工资、应付福利费、职工教育经费、工会经费、各类保险等。通常需要对工资费用结转凭证的以下要素进行设置:

（1）凭证类型。工资费用结转所生成的凭证类型,一般为转账凭证。

（2）摘要。一般设置一个摘要内容。

（3）会计科目代码。在设置工资费用科目时,需要按职员类别分别设置,即需要直接指定每一类职工的工资费用应结转的会计科目。

（4）借贷符号。凭证某项目涉及金额的方向。

（5）工资费用栏目。表示当前会计科目记入的工资费用金额所依据的工资栏目名称,一般为"应发工资"。

（四）生成记账凭证

根据工资费用分摊的结果及设置的借贷科目,生成记账凭证并传递到账务处理模块。工资凭证生成涉及的基本操作为分录显示、编制凭证、生成凭证等。

真题解析

【例题3-49】（单选题）在工资管理模块中,可将工资数据分成两大类,即基本不变数据和变动数据,(   )属于基本不变数据。

A. 基本工资　　　B. 出勤天数　　　C. 每月扣款　　　D. 实发工资

【答案】 A

【解析】 在工资管理模块中,可将工资数据分为两大类,即基本不变数据和变动数据,基本工资属于基本不变数据,出勤天数、每月扣款、实发工资属于变动数据。

三、工资管理模块期末处理

（一）期末结账

在当期工资数据处理完毕后,需要通过期末结账功能进入下一个期间,已经结账的数据将不能修改。系统可以对不同的工资类别分别进行期末结账。

（二）工资表的查询输出

工资数据处理结果最终通过工资报表的形式反映，工资管理模块提供了主要的工资报表，报表的格式由会计软件提供，如果对报表提供的固定格式不满意，用户也可以自行设计。

1. 工资表

工资表主要用于对本月工资的发放和统计，包括工资发放表、工资汇总表等。用户可以对系统提供的工资表进行修改，使报表格式更符合企业的需要。

2. 工资分析表

工资分析表是以工资数据为基础，对按部门、人员等方式分类的工资数据进行分析和比较，产生各种分析表，供决策人员使用。

真题解析

【例题 3-50】 （单选题）（ ）是以工资数据为基础，对按部门、人员等方式分类的工资数据进行分析和比较，产生的结果供决策人员使用。

A．工资发放条 　　　　　　　B．工资汇总表
C．工资分析表 　　　　　　　D．工作表

【答案】　C

【解析】　工资分析表是以工资数据为基础，对按部门、人员等方式分类的工资数据进行分析和比较，产生各种分析表，供决策人员使用。

任务六　应收管理模块的应用

应收管理模块主要用于核算和管理客户往来款项，以发票、费用单据、其他应收单据等原始单据为依据，记录销售所形成的往来款项，处理应收款项的收回、坏账和转账，进行账龄分析和坏账估计及冲销，并对往来业务中的票据、合同进行管理，同时提供统计分析、打印和查询输出功能，以及与销售管理、账务处理等模块进行数据传递的功能。

由于销售管理与应收款关系密切，一般会计软件将销售管理与应收管理模块绑定在一起进行核算。

一、应收管理模块初始化工作

用户可根据企业管理要求进行参数设置，是系统运行的基础，初始设置提供单据类型设置、账龄区间设置，为应收日常业务处理和统计分析做准备；提供期初余额的输入，保证数据的完整性与连续性。

（一）控制参数和基础信息的设置

1．控制参数的设置

（1）基本信息的设置。主要包括企业名称、银行账号、启用年份与会计期间设置。
（2）坏账处理方式设置。坏账处理方式设置常用直接转销法和备抵法。

① 直接转销法。只有在实际发生坏账时,才将坏账损失计入当期损益,同时冲减应收款项。

② 备抵法。企业应当按期估计坏账损失,计提坏账准备,当某一应收款项全部确认为坏账时,应根据其金额冲减坏账准备,同时转销相应的应收款项金额。

在账套使用过程中,如果当年已经计提过坏账准备,则坏账处理方式这一参数不能更改;如确需更改的,只能在下一年修改。

(3) 应收款核销方式的设置。应收款核销是确定收款与销售发票、应收单据之间对应关系的操作,即指明每一次收款是哪几笔销售业务款项。应收管理模块一般提供按单据、按存货等核销方式。

(4) 规则选项。应收管理模块的规则选项一般包括:核销是否自动生成凭证、预收冲应收是否生成转账凭证等。

2. 基础信息的设置

为了简化凭证生成操作,可以预先定义凭证中的常用科目。

(1) 设置会计科目。设置会计科目是指定义应收管理模块凭证制单所需的基本科目。

(2) 设置对应科目的结算方式。设置对应科目的结算方式即设置对应科目的收款方式,主要包括现金、支票、汇票等。

(3) 设置账龄区间。设置账龄区间是指为进行应收账款账龄分析,根据欠款时间,将应收账款划分为若干等级,以便掌握客户欠款时间的长短。

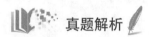

【例题 3-51】 (判断题)利用会计核算软件进行账龄分析,必须先设置分析区间。(　　)

【答案】 √

【解析】 利用会计核算软件进行账龄分析,必须先设置分析区间。

(二) 期初余额录入

初次使用应收管理模块时,要将系统启用前未处理完的所有客户的应收账款、预收账款、应收票据等数据录入到系统,以便以后的核销处理。

当进入第二年度处理时,应收管理模块自动将上年未处理完的单据转为下一年的期初余额。

二、应收管理模块日常处理

(一) 应收处理

1. 单据处理

单据处理主要是应收单和收款单的录入与审核。

(1) 应收单据处理。企业的应收款来源于销售发票(包括专用发票、普通发票)和其他

应收单。

如果应收管理模块与销售管理模块同时使用,则销售发票必须在销售管理模块中填制,并在审核后自动传递给应收管理模块,在应收管理模块中只需录入未计入销售货款和税款的其他应收单数据(如代垫款项、运输装卸费、违约金等);企业如果不使用销售管理模块,则全部业务单据都必须在应收管理模块中录入。

应收管理模块具有销售发票与其他应收单的新增、修改、删除、查询、预览、打印、制单、审核记账以及其他处理功能。

(2)收款单据处理。收款单据用来记录企业收到的客户款项。

收款单据处理主要是对收款单和预收单进行新增、修改、删除等操作。

(3)单据核销。单据核销主要用于建立收款与应收款的核销记录,加强往来款项的管理,同时核销日期也是账龄分析的重要依据。单据核销主要包括手工核销和自动核销两种方式。

① 手工核销。手工核销是指用户根据查询条件,选择需要核销的单据,然后手工核销。

② 自动核销。自动核销是指用户根据查询条件,选择需要核销的单据,然后自动核销。

【例题3-52】 (多选题)下列往来核销中,允许采取的核销方式有( )。
A. 一张发票对应一张收款单核销
B. 一张发票对应多张收款单核销
C. 多张发票对应一张收款单核销
D. 多张发票对应多张收款单核销

【答案】 ABCD

【解析】 销售核销就是确定收款单与销售发票之间对应关系的操作,即指明每一次收款收的是哪几笔销售业务款项。核销时,一般可以一张发票对应一张收款单分次核销,也可以一张发票一次对应多张收款单核销、一张收款单一次对应多张发票核销或多张发票对应多张收款单核销。核销分自动核销和手工核销两种方式。所以选项ABCD均正确。

2. 转账处理

转账处理主要是往来款项对冲处理,是为了避免往来款项多头挂账的问题而设置的功能。在实际业务处理中,由于经济业务的复杂性,有时无法明确划分某些企业是客户还是供应商,有些企业的销售货款是其他企业代付的,有些企业的预收款项无法明确是哪笔销售业务,因此系统一般都提供往来对冲处理功能,以便正确反映与这类企业的往来情况。

转账处理主要包括:应收冲应收、预收冲应收和应收冲应付。

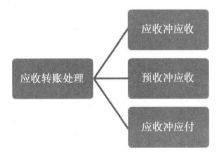

(1)应收冲应收(两个客户)。它是指用某客户的应收账款,冲抵另一客户的应收款

项。解决应收款业务在不同客户间入错户和合并户等问题。

（2）预收冲应收（同一客户）。它是指处理客户的预收款和该客户应收欠款的转账核销业务。

（3）应收冲应付（一客户和一供应商）。它是指用客户的应收款项来冲抵供应商的应付账款。通过应收冲应付功能，可将应收账款在客户与供应商之间进行转入、转出，实现应收业务的调整，解决应收债权与应付债务的冲抵。

真题解析

【例题3-53】（判断题）预收冲应收用于处理客户的预收款项与其他客户应收欠款的转账核销业务。（　　）

【答案】 ×

【解析】 预收冲应收用于处理客户的预收款项与该客户应收欠款的转账核销业务，针对的是同一客户。

（二）票据管理

票据管理用来管理企业销售商品、提供劳务收到的银行承兑汇票或商业承兑汇票。

对应收票据的处理主要是对应收票据进行新增、修改、删除及收款、退票、背书、贴现等操作。

（三）坏账处理

坏账处理包括：坏账准备计提、坏账发生和坏账收回。

1．坏账准备计提

坏账准备计提是系统根据用户在初始设置中选择的坏账准备计提方法，自动计算坏账准备金额，并按用户设置的坏账准备科目，自动生成一张计提坏账的记账凭证。

2．坏账发生

用户选定坏账单据并输入坏账发生的原因、金额后，系统将根据客户单位、单据类型查找业务单据，对所选的单据进行坏账处理，并自动生成一张坏账损失的记账凭证。

3．坏账收回

坏账收回是指已确认为坏账的应收账款又被收回。一般处理方法是：当收回一笔坏账时，先填制一张收款单，其金额即为收回坏账的金额；然后根据客户代码查找并选择相应的坏账记录，系统自动生成相应的坏账收回记账凭证。

（四）生成记账凭证

应收管理模块为每一种类型的收款业务编制相应的记账凭证，并将凭证传递到账务处理模块。

真题解析

【例题3-54】（多选题）应收管理模块的票据管理是对（　　）的管理。

A．商业承兑汇票　　　　　　　　B．银行承兑汇票
C．银行本票　　　　　　　　　　D．支票

【答案】 AB
【解析】 票据管理用来管理企业销售商品、提供劳务收到的银行承兑汇票或商业承兑汇票。

三、应收管理模块期末处理

（一）期末结账

期末结账是结束本期销售业务单据录入和处理，计算本期余额，并将账户余额和基础数据转入下期的过程，一旦结账就不能再接受本期数据录入。

当月业务全部处理完毕，在销售管理模块月末结账的前提下，可执行应收管理模块的月末结账功能。

结账时应注意：

（1）如果上月没有结账，则本月不能结账；
（2）本月的单据（发票和应收单）在结账前应该全部审核；
（3）若本月的结算单还有未核销的，不能结账；
（4）如果结账期间是本年度最后一个期间，则本年度进行的所有核销、坏账、转账等处理必须制单，否则不能向下一个年度结转，而且对于本年度外币余额为0的单据必须将本币余额结转为0，即必须执行汇兑损益结转。

（二）应收账款查询

应收账款查询包括单据查询和账表查询。

单据查询主要是对销售发票和收款单等单据的查询；账表查询主要是对往来总账、往来明细账、往来余额表的查询，以及总账、明细账、单据之间的联查。

（三）应收账龄分析

账龄分析主要是用来对未核销的往来账余额、账龄进行分析，及时发现问题，加强对往来款项动态的监督管理。

真题解析

【例题3-55】 （判断题）账龄分析主要是用来对已核销的往来账余额、账龄进行分析，及时发现问题，加强对往来款项动态的监督管理。（　　）

【答案】 ×

【解析】 账龄分析主要是用来对未核销的往来账余额、账龄进行分析，及时发现问题，加强对往来款项动态的监督管理。

任务七　应付管理模块的应用

与应收核算系统类似，应付款的核算主要是通过往来、采购和核算等模块来完成的。

应付管理模块主要用于核算和管理供应商往来款项，以发票、费用单据、其他应付单据等原始单据为依据,记录采购所形成的往来款项,处理应付款项的支付和转账,进行账龄分析和坏账估计及冲销,并对往来业务中的票据、合同进行管理,同时提供统计分析、打印和查询输出功能,以及与销售管理、账务处理等模块进行数据传递的功能。

由于采购业务与应付管理关系密切,一般会计软件将应付模块、采购模块、库存管理、存货核算及总账等模块结合使用。

一、应付管理模块初始化工作

应付管理模块初始化工作主要包括参数设置、期初余额的录入,为日常处理和统计分析做准备,保证数据的完整性和连续性,是系统运行的基础。

(一)控制参数和基础信息的设置

1. 控制参数设置

(1)基本信息的设置。应付管理控制参数的基本信息设置主要包括企业名称、银行账号、启用年份与会计期间设置。

(2)应付款核销的设置。应付款核销是确定付款与采购发票、应付单据之间对应关系的操作,即指明每一次付款是哪几笔采购业务款项。应付管理模块一般提供按单据、按存货等核销方式。

(3)规则选项。应付管理模块规则选项一般包括:核销是否自动生成凭证、预付冲应付是否生成转账凭证等。

2. 基础信息设置

(1)设置会计科目。设置会计科目是指定义应付管理模块凭证制单所需的基本科目,如应付科目、预付科目、采购科目、税金科目等。

(2)设置对应科目的结算方式。设置对应科目的结算方式即设置对应科目的付款方式,主要包括现金、支票、汇票等。

(3)设置账龄区间。设置账龄区间是指为进行应付账款账龄分析,根据欠款时间,将应付账款划分为若干等级,以便掌握欠款时间长短。

(二)期初余额录入

初次使用应付管理模块时,要将系统启用前未处理完的所有供应商的应付账款、预付账款、应付票据等数据录入到系统中,以便以后进行核销处理。当第二年度处理时,系统会自动将上年未处理完的单据转为下一年的期初余额。

真题解析

【例题3-56】 (判断题)在应付管理模块中,每一年都需要录入尚未处理完的供应商的应付账款、预付账款等数据。( )

【答案】 ×

【解析】 初次使用应付管理模块系统时,要将启用应付管理模块时未处理完的供应商的应付账款、预付账款、应付票据等数据录入到系统中,当进入第二年度时,系统会自动将上一年未处理完的交易转为下一年的期初余额。

二、应付管理模块日常处理

日常业务处理主要完成日常的付款单的录入和审核、其他付款单的录入、往来核销处理、生成凭证处理和统计分析等。

(一)应付处理

1. 单据处理

(1)应付单据处理。企业的应付款来源于采购发票(包括专用发票、普通发票)和其他应付单。如果应付管理模块与采购管理模块同时使用,采购发票必须在采购管理模块中填制,并在审核后自动传递给应付管理模块,应付管理模块中只需录入未计入采购货款和税款的其他应付单数据。企业如果不使用采购管理模块,

则全部业务单据都必须在应付管理模块中录入。应付单录入或由采购系统传递过来后,需要在此模块中进行审核。

应付管理模块具有对采购发票与其他应付单的新增、修改、删除、查询、预览、打印、制单、审核记账以及其他处理功能。

(2)付款单据处理。付款单据用来记录企业支付给供应商的款项。付款单据处理主要包括对付款单和预付单进行新增、修改、删除等操作。付款单据录入后,也需要进行审核。

(3)单据核销。单据核销是指用户对应付单和付款单的核销。单据核销主要用于建立付款与应付款的核销记录,加强往来款项的管理,同时核销日期也是账龄分析的重要依据。单据核销主要包括手工核销和自动核销两种方式。

① 手工核销。手工核销是指用户根据查询条件,选择需要核销的单据,然后手工核销。

② 自动核销。自动核销是指用户根据查询条件,选择需要核销的单据,然后自动核销。

2. 转账处理

(1)应付冲应付(两个供应商)。应付冲应付是指将一家供应商的应付款转到另一家供应商,冲抵另一家供应商的应付款项。通过将应付款业务在供应商之间转入转出,实现应付业务的调整,解决应付款业务在不同供应商间入错户和合并户等问题。

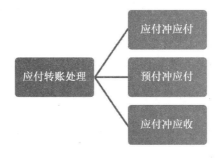

(2)预付冲应付(同一供应商)。预付冲应付用于处理供应商的预付款和对该供应商应付欠款的转账核销业务。

(3)应付冲应收(一供应商和一客户)。应付冲应收是指用某供应商的应付款,冲抵某客户的应收款项。通过应付冲应收,将应付款业务在供应商和客户之间进行转账,实现应付业务的

调整,解决应付债务与应收债权的冲抵。

(二)票据管理

票据管理用来管理企业因采购商品、接受劳务等而开出的商业汇票,包括银行承兑汇票和商业承兑汇票。对应付票据的处理主要是对应付票据进行新增、修改、删除及付款、退票等操作。

(三)生成记账凭证

应付管理模块为每一种类型的付款业务编制相应的记账凭证,并将记账凭证传递到账务处理模块。对于已录入的应付单或付款单,审核后,可立即制单,也可以批量集中进行制单处理,从而形成凭证,传递到总账系统中。

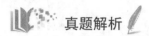

【例题 3-57】 (单选题)不是应付款管理系统处理的票据有( )。
A. 采购发票与应付单
B. 应收票据
C. 付款单和退款单
D. 应付票据

【答案】 B

【解析】 应收票据是应收款管理系统处理的票据。

三、应付管理模块期末处理

(一)期末结账

当月业务已全部处理完毕,在采购管理模块月末结账的前提下,可执行应付管理模块的月末结账功能。

期末结账是结束本期的应付单据和付款单据的处理,计算本期相关账户的余额,并将账户余额和基础数据转入下期的过程,即本期一旦结账就不再接收本期的数据输入等操作。

如果已经确认本月的各项处理已经结束,则可以选择进行月末结账处理。如果在已结账月份中还有数据要处理,则可以进行取消月结处理。

(二)应付账款查询

应付账款查询包括单据查询和账表查询。单据查询主要是对采购发票和付款单等单据的查询;账表查询主要是对往来总账、往来明细账、往来余额表的查询,以及总账、明细账、单据之间的联查。

(三)应付账龄分析

账龄分析主要是用来对未核销的往来账余额、账龄进行分析,及时发现问题,加强对往来款项动态的监督管理。

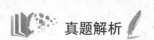

【例题 3-58】 (多选题)应付账款中的账表查询主要包括( )。

A. 往来总账　　　　　　　　　　B. 往来明细账
C. 往来余额表　　　　　　　　　D. 往来总账与明细账的联查

【答案】 ABCD

【解析】 应付账款中的账表查询主要是针对往来总账、往来明细账、往来余额表的查询，以及总账、明细账、单据之间的联查。

任务八　报表管理模块的应用

报表管理模块与其他模块相连，可以根据会计核算的数据，结合会计准则和会计制度的要求以及企业管理的实际需求，生成各种内部报表、外部报表、汇总报表，并根据报表数据分析报表，以及生成各种分析图等。在网络环境下，很多报表管理模块同时提供了远程报表的汇总、数据传输、检索查询和分析处理等功能。

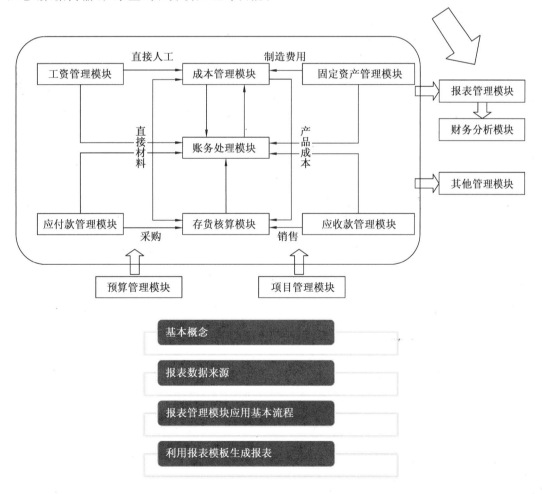

一、报表基本概念

1. 表页及报表文件

用友 T3 报表系统中报表文件的后缀为".rep"。每个报表文件可以包含若干张表页。在用友 T3 中,在页标前用@表示表页的地址。

表页是报表管理系统存储数据的基本单位。

2. 格式状态和数据状态

报表工作区的左下角有一个"格式/数据"按钮,格式状态和数据状态能完成的工作见下图。

格式状态	数据状态
• 设置表尺寸 • 定义行高列宽 • 设置单元格属性 • 组合单元 • 设置公式 • 设置关键字	• 输入数据 • 增加或者删除表页 • 报表审核 • 舍位平衡 • 数据透视 • 汇总、合并报表

3. 单元格及其属性

由表行和表列确定的方格称为单元。一般用所在列的字母和行的数字来表示,如 A1 表示第 1 行和第 A 列对应的单元。

单元格属性(格式)包括:单元格类型、对齐方式、字体及颜色等。其中,报表的单元类型有数值单元、字符单元、表样单元三种,默认为表样。

类型	定义	状态	表页
数值单元	存放报表的数值型数据	数据	当前表页
字符单元	存放报表的字符型数据	数据	当前表页
表样单元	是报表的格式,是定义一个没有数据的空表所需的文字、符号或数字	格式	所有表页

4. 区域与组合单元

区域也叫块,是由一组相邻的单元格组成的矩形块。最大的区域是一个表页的所有单元格,最小的区域可只包含一个单元格。开始单元格与结束单元格之间由冒号":"连接起来表示一个区域,如 C1:D4。

组合单元是由相邻的两个或两个以上的单元格合并而成。组合单元的名称可以用区域名称或区域中某一单元格的名称来表示。

5. 关键字

关键字是报表中特殊的格式,可以用于唯一标识一张表页,用于在大量表页中快速定位或选择表页。在用友 T3 中有六种关键字,它们是"单位名称"、"单位编号"、"年"、"季"、"月"、"日",除此之外,还可以自定义关键字,当定义名称为"周"和"旬"时有特殊意义,可在业务函数中代表取数日期。

关键字的显示位置在格式状态下设置,关键字的值则在数据状态下录入。

6. 函数

（1）账务函数。

函数名:"科目编码","会计期间","方向"[账套号][会计年度][编码1][编码2]。

编码1与编码2与科目编码的核算账类有关,可以取科目的辅助账,如无辅助核算则省略。

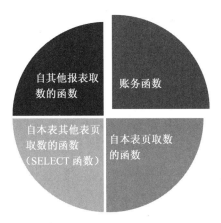

函数名为了方便记忆,一般取拼音第一个字母。

主要账务取数函数

总账函数	金额式	数量式	外币式
期初余额函数	QC( )	sQC( )	wQC( )
期末余额函数	QM( )	sQM( )	wQM( )
发生额函数	FS( )	sFS( )	wFS( )
累计发生额函数	LFS( )	sLFS( )	wLFS( )
条件发生额函数	TFS( )	sTFS( )	wTFS( )
对方科目发生额函数	DFS( )	sDFS( )	wDFS( )
净额函数	JE( )	sJE( )	wJE( )
汇率函数	HL( )		

（2）自本表页取数的函数(统计函数)。

常用的函数主要有:

合计：PTOTAL( )

平均值：PAVG( )

最大值：PMAX( )

最小值：PMIX( )

（3）自本表其他表页取数的函数(SELECT函数)。可以利用关键字或者页标号作为定位依据。

例：如果C5单元取自上个月B5单元的数据：

C5 = SELECT(B5,月@ = 月+1)

例：C5 单元取自第 2 张表页 B5 单元的数据：

C5 = B5@2

（4）自其他报表取数的函数。对于取自其他报表的数据可以采用下面格式：

"报表.rep"->单元

以指定要取数的某张报表的单元。

例如：若当前表页 D5 的值等于报表"宏欣科技 2016 年报表"第 4 页 D5 的值，可使用如下表达：

D5 = "宏欣科技 2016 年报表.rep"->D5@4

真题解析

【例题 3-59】（多选题）一个报表的标题可以包括(　　)。

A. 使用的货币单位　　　　　B. 报表名称

C. 编制单位　　　　　　　　D. 报表编制日期

【答案】 ABCD

【解析】 报表的标题即报表的表头部分，可以包括报表名称、编制单位、编报日期和使用的货币单位等信息。

二、报表数据来源

报表内数据分为两类，一类是常数，可以在定义时直接填入；另一类是变动数据，通常是在报表生成时从账（表）中获取数据。

报表中数据一般有手工录入、来源于报表管理模块其他报表、来源于系统内其他模块三种不同来源。

（一）手工录入

报表中有些数据需要手工输入，例如资产负债表中"一年内到期的非流动资产"和"一年内到期的非流动负债"需要直接输入数据。

（二）来源于报表管理模块其他报表

会计报表中，某些数据可能取自某会计期间同一会计报表的数据，也可能取自某会计期间其他会计报表的数据。

（三）来源于系统内其他模块

会计报表数据也可以来源于系统内的其他模块，包括账务处理模块（账务函数）、固定资产管理模块等。

真题解析

【例题 3-60】（判断题）财务报表的数据只来源于总账系统，并且取数要通过函数实现。(　　)

【答案】 ×

【解析】 此题前半句话错误,后半句话正确。企业常用的财务报表数据一般来源于总账系统或报表系统本身,取自于报表的数据又可以分为从本表取数和从其他报表的表页取数,但这些取数都需要通过函数实现。

三、报表管理模块应用基本流程

(一) 格式设置("格式"状态)

报表格式设置的具体内容一般包括:定义报表尺寸、定义报表行高和列宽、画表格线、定义单元属性、定义组合单元、设置关键字等。

1. 定义报表尺寸

定义报表尺寸是指设置报表的行数和列数。可事先根据要定义的报表大小,计算该报表所需的行列,然后再进行设置。

2. 定义行高和列宽

设置行高、列宽应以能够放下本表中最高数字和最宽数据为原则,否则在生成报表时,会产生数据溢出的错误。

3. 画表格线

为了满足查询打印的需要,在报表尺寸设置完毕、报表输出前,还需要在适当的位置上画表格线。

4. 定义单元属性

定义单元属性包括设置单元类型及数据格式、数据类型、对齐方式、字形、字体、字号及颜色、边框样式等内容。

5. 定义组合单元

把几个单元作为一个单元来使用即为组合单元。所有针对单元的操作对组合单元同样有效。

6. 设置关键字

关键字主要有六种:单位名称、单位编号、年、季、月、日,另外还可以自定义关键字。用户还可以根据自己的需要设置相应的关键字。

7. 调整关键字位置

如果关键字的位置不合适,可通过调整偏移量的方式来调整关键字的位置。关键字的位置可以用偏移量来表示,负数表示向左移,正数表示向右移。关键字偏移量单位为像素。

8. 输入报表项目

报表的表间项目是指报表的文字内容,主要包括表头内容、表体项目和表尾项目等。

真题解析

【例题3-61】 (单选题)下列各项中,不属于报表格式设计内容的是( )。

A. 定义报表尺寸   B. 调整行高列宽

C. 计算公式   D. 设置字体

【答案】 C
【解析】 本题考核报表格式设计的内容。

(二) 公式设置("格式"状态)

在报表中,由于各报表的数据间存在着密切的逻辑关系,所以报表中各数据的采集、运算需要使用不同的公式。报表中,主要有计算公式、审核公式和舍位平衡公式。

1. 计算公式

计算公式是指对报表数据单元进行赋值的公式,是必须定义的公式。计算公式的作用是从账簿、凭证、本表或他表等处调用、运算所需要的数据,并填入相关的单元格中。定义报表数据来源和运算关系,既可以取本表页的数据,也可以取账套中的数据,还可以取其他表页和其他报表中的数据。

依据数据来源不同,可以将计算公式分为表内取数公式、账务取数公式、本表它页取数公式和表间取数公式四大类。

(1) 表内取数公式。表内取数公式的数据来源是本页,表内取数公式主要由数据单元和统计函数组成,统计函数的基本表达式是"函数名(区域)"。

(2) 账务取数公式。账务取数公式的数据来源是账套,通过账务取数公式,可以有效地实现总账系统和报表系统的对接。

(3) 本表其他表页取数公式。其他表页取数公式的数据来源是其他表,因此也称为本表间的取数公式。

(4) 表间取数公式。在生成资产负债表和利润表等主要报表后,还需在补充资料中计算一些财务指标,如资产负债率、总资产报酬率、流动比率等,此时可使用表间取数公式。

2. 审核公式

审核公式用于审核报表内或报表间的数据勾稽关系是否正确。审核公式不是必须定义的。报表中的数据通常存在着勾稽关系,比如"借方等于贷方"、"小计数等于各小项之和"等,企业可以定义审核公式来对报表的勾稽关系是否准确进行验证。

3. 舍位平衡公式

舍位平衡公式用于报表数据进行进位或小数取整后调整数据。舍位平衡公式不是必须定义的。报表经舍位后,重新调整平衡关系的公式称为舍位平衡公式,其中,进行进位的操作叫做舍位,舍位后调整平衡关系的操作叫做平衡调整公式。比如,以"元"为单位的报表在上报时,可能需要转换为以"千元"或"万元"为单位的报表。但是做了这样的变换后,原来满足的数据平衡关系,可能遭到破坏,因此需要调整,使其达到重新平衡。

定义舍位平衡公式需要指明要舍位的表名、舍位范围以及舍位位数,并且必须输入平衡公式。

真题解析

【例题3-62】 (多选题)报表管理系统中,报表公式定义包括( )。
A. 计算公式　　　　　　　　　　B. 审核公式
C. 试算平衡公式　　　　　　　　D. 舍位平衡公式

【答案】 ABD
【解析】 在报表中,由于各报表的数据间存在着密切的逻辑关系,所以报表中各数据的采集、运算需要使用不同的公式,报表中,主要有计算公式、审核公式和舍位平衡公式。

【例题 3-63】 (单选题)(　　)是实现计算机自动处理报表数据的关键步骤。
A. 报表编制　　　　　　　　B. 报表公式设置
C. 报表名称登记　　　　　　D. 报表格式设置
【答案】 B
【解析】 报表公式设置是实现计算机自动处理报表数据的关键步骤。

【例题】 (判断题)报表公式包括计算公式、审核公式和舍位平衡公式。(　　)
【答案】 √
【解析】 报表中,主要有计算公式、审核公式和舍位平衡公式。

(三)数据生成("数据"状态)

设置报表格式和报表公式只是定义了报表的结构,如果要得到填有数据的报表还需要进行报表的编制工作。报表的编制是由系统自动生成的,其作用是使系统运行载有设置好报表结构的文件,使其中的运算公式能从相应的数据源中读取数据填入相应的表单元中,从而得到数据表。系统将自动生成一个文件用以保存生成的数据表。为了区分不同月份的同一张表,每次生成报表前系统都将要求用户输入关键字的值,如相同关键字值的报表已存在,系统将要求用户确认是否重算。如果用户重新编制,则新编的表将覆盖已存在的旧表。因此,用户如果修改过报表格式或报表公式,则必须将该报表重算一遍,以得到新结构生成的报表。

在报表生成过程中,系统将对公式的格式进行检查,如有语法或句法错误,系统将予以提示。但应注意的是,检查正确不等于公式的逻辑关系也正确,系统对公式的逻辑关系不进行检验,也很难进行检验。

(四)报表文件的保存(两个状态都可以)

保存指把当前报表文件的所有内容存盘。可以利用"另存为"命令制作报表文件的备份或将报表文件保存为其他文件格式。也可以只保存报表文件的图表,报表文件不变。

(五)报表文件的输出

会计报表输出是报表管理系统的重要功能之一。报表输出可以针对报表格式输出,也可以针对某一特定表页输出。输出报表格式需在"格式"状态下操作,而输出表页需在"数据"状态下操作,输出表页时,格式和报表数据一起输出。

按报表输出方式的不同,通常分为:屏幕查询输出、图形输出、磁盘输出、打印输出和网络传送五种类型。

1. 屏幕查询输出

报表屏幕查询输出简称为查询输出,又称屏幕输出、屏幕显示、显示输出,是最为常见的一种输出方式。

2. 图形输出

根据报表的数据生成图形时,系统会显示与会计报表数据有关的图形,便于分析会计报表。

3. 磁盘输出

一般指将报表以文件的形式输出到磁盘,以便上报下传。

4. 打印输出

打印输出是指将编制出来的报表以纸介质的形式表现出来。

不同的会计报表,打印输出的要求不同。其中,库存现金日记账、银行存款日记账需要每日打印,资产负债表、利润表等月报要求每月打印。

5. 网络传送

网络传送方式是通过计算机网络将各种报表从一个工作站传递到另一个或几个工作站的报表传输方式。

真题解析

【例题 3-64】 (多选题)报表文件的输出方式包括(   )。

A. 屏幕查询输出
B. 图形输出
C. 磁盘输出
D. 打印输出

【答案】 ABCD

【解析】 会计报表按输出方式的不同。通常分为屏幕查询输出、图形输出、磁盘输出、打印输出和网络传送五种类型。

四、利用报表模板生成报表

报表管理模块通常提供按行业设置的报表模板,为每个行业提供若干张标准的会计报表模板,以便用户直接从中选择合适的模板快速生成固定格式的会计报表。

利用报表模板生成报表,简化了用户的报表格式设计工作。用户不仅可以修改系统提供报表模板中的公式,而且可以生成、调用自行设计的报表模板。

项目总结

本项目详细介绍了会计软件应用,会计软件应用是会计电算化工作开展的重要环节,熟练操作会计软件是会计从业人员的基本能力要求。

本项目主要内容包括:

(1) 会计软件的应用流程。包括系统初始化、日常处理、期末处理和系统管理。
(2) 系统初始化工作。包括创建账套、增加用户并设置权限、设置系统公用基础信息。
(3) 账务处理模块的应用。包括账务处理模块模块初始化工作、日常处理和期末处理。
(4) 固定资产管理模块的应用。包括固定资产管理模块模块初始化工作、日常处理和期末处理。
(5) 工资管理模块的应用。包括工资管理模块模块初始化工作、日常处理和期末处理。
(6) 应收管理模块的应用。包括应收管理模块模块初始化工作、日常处理和期末处理。
(7) 应付管理模块的应用。包括应付管理模块模块初始化工作、日常处理和期末处理。

(8)报表管理模块的应用。包括报表管理模块模块初始化工作、日常处理和期末处理。

项目练习

一、单项选择题

1. 在会计软件中,初始化的作用是设置具体核算规则和(   )。
   A. 建立账簿   B. 建立会计科目
   C. 输入会计科目余额   D. 输入有关的基础数据
2. 账务处理系统中,数据恢复是将存储介质上的(   )复制到计算机上。
   A. 程序   B. 系统
   C. 命令   D. 凭证、账簿数据库
3. 数据备份是为了防备因(   )引起的数据丢失而采取的一项措施。
   A. 系统故障   B. 病毒入侵
   C. 错误操作   D. 以上全部
4. 购买通用会计核算软件之后,必须经过(   )操作,才能变成适合企业应用的专用会计核算软件。
   A. 账务处理   B. 系统初始化
   C. 填制凭证   D. 编制财务报表
5. 下列关于账套的表述中,不正确的是(   )。
   A. 一台计算机中可以有多个账套
   B. 账套最好存放在移动储存介质上,以便于携带
   C. 账套就是一套会计数据文件
   D. 账套可以备份,以备数据损坏时恢复
6. 下列有关会计账户体系的表述中,不正确的是(   )。
   A. 会计账户体系是会计核算系统的基础
   B. 建立会计账户体系应从明细科目开始,逐级向上设置一级科目
   C. 建立会计账户体系的核心工作是设置会计科目
   D. 建立会计账户体系应当首先符合财政部和有关管理部门的规定
7. 下列关于科目名称和科目代码关系的表述中,正确的是(   )。
   A. 科目名称和代码是唯一对应关系
   B. 科目名称和代码只需要设定其一
   C. 科目代码是必需的,科目名称可以为空
   D. 科目名称是必需的,科目代码可以为空
8. 下列各项中不属于会计科目设置内容的是(   )。
   A. 余额方向   B. 数量单位
   C. 辅助核算项目   D. 明细账格式
9. 下列人员中,具有凭证内容修改权限的是(   )。
   A. 记账人   B. 制证人   C. 主管会计   D. 审核人
10. 下列选项中,不属于出纳管理的功能是(   )。

A. 查询日记账 B. 银行对账
C. 管理支票登记簿 D. 凭证录入

11. 企业在使用工资核算系统之前应对企业的( )进行整理分类和编码。
A. 固定资产 B. 部门和人员
C. 材料 D. 产品

12. 职工工资中的变动项目是指每月都会发生变化的工资项目,如( )。
A. 基本工资 B. 交通补贴
C. 加班工资 D. 职务工资

13. 下列功能不属于工资核算系统的是( )。
A. 输入各种工资数据 B. 工资计算和发放
C. 工资费用的汇总和分配 D. 工资系统生成凭证的审核、记账

14. 月末结转时要生成新月份的工资数据表,在该表中需要清零的是( )。
A. 变动数据项 B. 固定数据项
C. 字符数据项 D. 数值数据项

15. 应收款系统的制单方式指计算机根据原始单据如何编制记账凭证,不包括( )。
A. 按客户制单方式 B. 按商品制单方式
C. 按单据制单方式 D. 按汇总金额制单方式

16. 报表系统中,取数是通过( )实现的。
A. 数值单元 B. 表页
C. 关键字 D. 函数

17. 会计报表系统中,报表数据产生溢出,是由于表栏的宽度( )数据的实际宽度。
A. 等于 B. 大于
C. 小于 D. 小于等于

18. 报表系统中,QM( )函数的含义是,取( )数据。
A. 期初余额 B. 期末余额
C. 借方发生额 D. 贷方发生额

19. 在各类财务报表中,数据间往往存在着某种对应关系,称为( )。
A. 传递关系 B. 依赖关系
C. 勾稽关系 D. 关联关系

20. 外币辅助项输入时,汇率可采用( )。
A. 固定汇率 B. 浮动汇率
C. 变动汇率 D. 以上均正确

21. 企业会计软件的账套建立期间为3月1日,则固定资产模块的启用日期不可以是( )。
A. 2月15日 B. 3月1日
C. 3月10日 D. 4月1日

22. 下列各项中,与应收/应付账款核算不直接相关的单据是( )。
A. 销售发票 B. 采购发票
C. 收款单 D. 产品出库单

23. 应付款系统日常处理业务不包括( )。
 A. 单据处理 B. 转账处理
 C. 初始设置 D. 凭证处理

24. 下列各项中,不属于报表格式设计内容的是( )。
 A. 单元属性 B. 行属性
 C. 定义斜线 D. 报表重算

25. 银行对账是指企业的银行存款日记账与( )之间的核对。
 A. 银行对账单 B. 银行存款总账
 C. 现金日记账 D. 现金总账

26. 结账操作每月可进行( )次。
 A. 一次 B. 二次 C. 三次 D. 多次

二、多项选择题

1. 出纳对资金日报表的管理包括( )。
 A. 查询
 B. 输出
 C. 打印资金日报表
 D. 提供当日借、贷金额合计和余额,以及发生的业务量等信息

2. 在固定资产管理系统中,对计提折旧有影响的数据项有( )。
 A. 资产原值 B. 折旧方法
 C. 使用状态 D. 增加方式

3. 固定资产的减少方式包括( )。
 A. 出售 B. 盘亏
 C. 投资转出 D. 报废

4. 下列属于工资建账内容的是( )。
 A. 工资参数设置 B. 扣税设置与扣零设置
 C. 汇率设置 D. 人员编码设置

5. 下列各项中,属于工资核算模块日常业务处理工资内容的有( )。
 A. 录入变动的基础工资数据 B. 录入变动工资数据
 C. 计算所得税,进行扣缴处理 D. 工资计算

6. 应收管理模块日常单据处理主要包括( )。
 A. 销售发票的录入与审核 B. 应收单的录入与审核
 C. 收款单的录入 D. 单据核销

7. 下列关于核销的说法正确的有( )。
 A. 付款单的数额与原始单据的数额相等,则付款单与原始单据完全核销
 B. 预付了供应商一部分款项,在业务完成后付清了剩余的款项,如果要求这两笔款项同时结算,核销时需要使用预付款
 C. 付款单金额小于原始单据的数额,在核销时实现部分核销
 D. 付款单金额大于原始发票金额,核销时形成预付款

8. 财务报表管理系统的单元类型可以分为( )。

A. 数值单元 B. 字符单元
C. 表样单元 D. 组合单元

9. 对于记账员来说,如果记账员已经开始记账,那么( )。
A. 记账员可以被删除 B. 记账员可以根据情况增加权限
C. 记账员可以被注销 D. 记账员的某些权限可以被禁止

10. 账务系统中,对付款凭证可设置的凭证限制类型有( )。
A. 贷方必有的科目是银行存款 B. 借方必有的科目是银行存款
C. 贷方必有的科目是现金 D. 借方必有的科目是现金

三、判断题

1. 会计期间设置完成后,可以根据需要进行一定范围的修改。( )
2. 科目编码必须按其级次的先后次序建立。( )
3. 资金日报表以月为单位,列示现金、银行存款科目当月累计借方发生额和贷方发生额,计算出当月的余额,并累计当月发生的业务笔数,对每月的资金收支业务、金额进行详细汇报。( )
4. 计提折旧后又对账套进行了影响折旧计算或分配的操作,必须重新计提折旧,否则系统不允许结账。( )
5. 如果单元被定义为表样单元,所输入的内容对所有的表页都有效。( )
6. 对于一些常用的报表模板中没有提供的报表,在自定义完这些报表的格式和公式后,可以将其定义为报表模块,可以直接调用。( )
7. 银行对账包括自动对账和手工对账两种。( )
8. 企业有外币核算业务,设置外币时只需要设置所使用的外币币种即可。( )
9. 账套参数内容已被使用,进行修改可能会造成数据的紊乱,所以对账套参数的修改应当谨慎。( )
10. 在会计电算化环境下,不可能出现凭证编号不连续的情况。( )

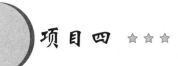

项目四

电子表格软件在会计中的应用

学习任务

1. 了解常用电子表格软件的种类
2. 了解电子表格软件的主要功能
3. 熟悉 Excel 软件的用户界面
4. 熟悉启动与退出 Excel 软件的常用方法
5. 熟悉 Excel 文件管理的常用方法
6. 熟悉 Excel 图表的插入方法
7. 掌握数据输入与编辑的常用方法
8. 掌握 Excel 的公式及其运用
9. 掌握 Excel 常用函数的使用
10. 掌握数据清单的设计要求
11. 掌握记录单的使用方法
12. 掌握 Excel 的数据排序、筛选与分类汇总的方法
13. 掌握数据透视表创建与设置的方法

项目描述

本项目主要介绍电子表格软件的操作和应用,尤其是在会计中的常用功能,包括图表、公式、函数以及数据处理等。

任务一 电子表格软件概述

一、常用的电子表格软件

电子表格,又称电子数据表,是指由特定软件制作而成的,用于模拟纸上计算的由横竖线条交叉组成的表格。它可以完成数据的输入、输出和显示,也可以利用公式计算一些简单的加减法。Windows 操作系统下常用的电子表格软件主要有微软的 Excel、金山 WPS 电子表格等;Mac 操作系统下则有苹果的 Numbers,该软件同时可用于 iPad 等手持设备。此外,还有专业电子表格软件如 Lotus、第三方电子表格软件如 Formula One 等。

【例题 4-1】 （单选题）属于第三方电子表格软件的是( )。
A. 微软的 Excel　　B. 苹果的 Numbers　　C. Formula One　　D. Lotus Notes
【答案】 C
【解析】 选项 A,属于 Windows 操作系统下常用的电子表格软件;选项 B,属于 Mac 操作系统下的电子表格软件;选项 D,属于专业电子表格软件。

二、电子表格软件的主要功能

（一）建立工作簿

Excel 软件启动后,即可按照要求建立一个空白的工作簿文件,每个工作簿中含有一张或多张空白表格。这些在屏幕上显示出来的默认由灰色横竖线条交叉组成的表格被称为工作表,又称"电子表格"。工作簿如同活页夹,工作表如同其中的一张张活页纸,且各张工作表之间的内容相对独立。

工作表是 Excel 存储和处理数据的最重要部分,也称电子表格。每张工作表由若干行和列组成,行和列交叉形成单元格。单元格是工作表的最小组成单位,单个数据的输入和修改都在单元格中进行,每一单元格最多可容纳 32000 个字符。

在 Excel 2003 中,每个工作簿默认含有 3 张工作表,每张工作表由 256 列和 65536 行组成;在 Excel 2013 中,每个工作簿默认含有 1 张工作表,该工作表由 1048576 行和 16384 列组成。默认的工作表不够用时,可以根据需要予以适当添加。每个工作簿含有工作表的张数受到计算机内存大小的限制。每个工作簿含有一张或多张工作表。

版本	默认工作表数量	行数	列数
Excel 2003	3 张	65536（256×256）	256
Excel 2013	1 张	1048576（256×64×64）	16384（256×64）

（二）管理数据

用户通过 Excel 不仅可以直接在工作表的相关单元格中输入、存储数据，编制销量统计表、科目汇总表、试算平衡表、资产负债表、利润表以及大多数数据处理业务所需的表格，而且可以利用计算机自动、快速地对工作表中的数据进行检索、排序、筛选、分类、汇总等操作，还可以运用运算公式和内置函数，对数据进行复杂的运算和分析。

（三）实现数据网上共享

用户可以通过 Excel 创建超级链接，获取局域网或互联网上的共享数据，也可以将自己的工作簿设置成共享文件，保存在互联网的共享网站中，让世界上任何位置的互联网用户共享工作簿文件。

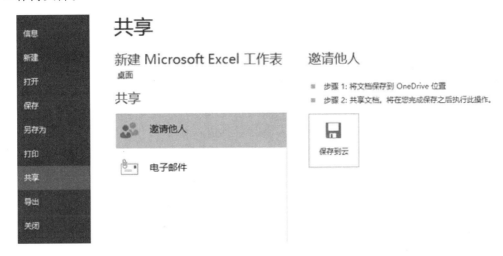

（四）制作图表

Excel 提供了散点图、柱形图、饼图、条形图、面积图、折线图、气泡图、三维图等 14 类 100 多种基本图表。Excel 不仅能够利用图表向导方便、灵活地制作图表，而且可以很容易地将同一组数据改变成不同类型的图表，以便直观地展示数据之间的复杂关系；不仅能够任意编辑图表中的标题、坐标轴、网络线、图例、数据标志、背景等各种对象，而且可以在图表中添加文字、图形、图像和声音等，使精心设计的图表更具说服力。

（五）开发应用系统

Excel 自带 VBA 宏语言，用户可以根据这些宏语言，自行编写和开发一些满足自身管理需要的应用系统，有效地运用和扩展了 Excel 的功能。

【例题4-2】（单选题）在Excel 2013中，一个工作表由(　　)组成。
A. 65536行和256列
B. 65536行和16384列
C. 1048576行和16384列
D. 1048576行和256列
【答案】 C
【解析】 在Excel 2013中，行数=256×64×64，列数=256×64。

【例题4-3】（多选题）电子表格软件的主要功能有(　　)。
A. 建立工作簿
B. 管理数据
C. 实现数据网上共享
D. 制作图表
【答案】 ABCD
【解析】 电子表格软件的主要功能有建立工作簿、管理数据、实现数据网上共享、制作图表、开发应用系统。

【例题4-4】（判断题）Excel只能编制表格，不能实现计算功能。(　　)
【答案】 ×
【解析】 Excel具有管理数据的功能，可以对工作表中的数据进行求和、计算、排序、筛选、汇总等处理，高效快速地建立、编辑、编排和管理各种表格。

三、Excel软件的启动与退出

（一）Excel软件的启动

通常可以采用下列方法启动Excel软件：

1. 点击"开始"菜单中列示的Excel快捷命令

点击"开始—所有程序"，打开"Microsoft Office"菜单，选中Excel应用程序，单击即可启动Excel程序，同时建立一个新的文档，该文档在Excel软件中被默认为工作簿。在Excel 2003中，建立的第一个空白工作簿的缺省文件为"Book1.xls"，在Excel 2010中则为"工作簿1.xlsx"，可以另存为其他的文件名和文件类型。

2. 点击任务栏中的Excel快捷方式图标

直接点击或双击位于桌面的Excel快捷方式图标，可以快速启动Excel，同时建立一个空白工作簿。这种方法的前提是桌面或任务栏中已经创建了Excel快捷方式图标。

3. 通过"运行"对话框启动 Excel 软件

同时敲击键盘上的微软徽标和"R"键(或单击"开始"菜单,进入"所有程序",打开"附件"后点击其中的菜单命令"运行"),打开"运行"对话框,点击"浏览"按钮,进入安装 Excel 软件的文件夹,选中"Excel.exe"文件,点击"打开"按钮后点击"确定"。也可在文件夹里找到应用程序(.exe 文件),双击或右键选择"打开"。

操作完成后,Excel 启动,同时建立一个新的空白工作簿。

4. 打开现成的 Excel 文件

双击或右键打开现成的 Excel 文件,通过打开该文件来启动 Excel 软件。

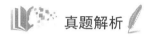 真题解析

【例题4-5】 (多选题)Excel 软件的启动方法包括( )。
A. 通过"开始"菜单中的 Excel 快捷命令启动
B. 通过桌面或任务栏中的快捷方式启动
C. 通过"运行"对话框启动
D. 通过打开现成的 Excel 文件启动

【答案】 ABCD

【解析】 Excel 软件的启动方法包括:(1)通过点击"开始"菜单中的 Excel 快捷命令启动;(2)通过点击桌面或任务栏中的 Excel 快捷方式启动;(3)通过"运行"对话框启动;(4)通过打开现成的 Excel 文件启动。

(二) Excel 软件的退出

通常可以采用下列方法退出 Excel 软件:

1. 点击标题栏最右边的关闭按钮

如果当前只有一个工作簿在运行,无论光标位于工作簿的何处,点击标题栏最右边的关闭按钮"×"后,Excel 软件将被退出。如果退出前有编辑的内容未被保存,将出现提示是否保存的对话框。如果当前有多个工作簿文件在运行,点击标题栏最右边的关闭按钮"×"后,光标所在的文件被关闭,其他处于打开状态的 Excel 文件仍在运行,Excel 软件并未退出。只有重复点击该按钮,直至这些文件均被关闭后,Excel 软件才能退出。

2. 点击"关闭窗口"或"关闭所有窗口"命令

右键单击任务栏中的 Excel 图标,打开菜单选项。点击"关闭窗口"(当前处于打开状态的文件只有一个)命令或点击"关闭所有窗口"(当前处于打开状态的文件为多个)命令。如果退出前有编辑的内容未被保存,将出现提示是否保存的对话框。

3. 点击标题栏最左边的 Excel 图标按钮

点击最左边的 Excel 图标,弹出快捷菜单,再点击"关闭"命令,即可关闭当前打开的文件。如果当前只打开一个工作簿,关闭文件的同时退出 Excel 软件,如果当前有多个工作簿在运行,重复点击"关闭"命令,关闭所有文件,退出 Excel 软件。

4. 使用快捷键"Alt + F4"

如果当前只有一个工作簿在运行,无论光标位于工作簿的何处,按击"Alt + F4"键后,

Excel 软件将被退出。如果有多个工作簿在运行,光标所在的文件被关闭,待所有 Excel 文件都退出后,Excel 软件才退出。

真题解析

【例题 4-6】 (单选题)在工作簿窗口内打开两个工作簿,单击"文件"菜单中的"关闭"命令可以关闭(   )。

A. 工作簿窗口　　　　　　　　　　B. Excel 应用程序窗口
C. 全部打开的工作簿　　　　　　　D. 当前工作簿

【答案】 D

【解析】 在工作簿窗口同时打开两个工作簿,单击"文件"菜单中的"关闭"命令可以关闭当前工作簿。

【例题 4-7】 (单选题)下列不属于 Excel 软件退出方法的是(   )。

A. 通过标题栏的"关闭"按钮退出　　B. Alt + F4
C. 双击标题栏的控制按钮　　　　　　D. Ctrl + F4

【答案】 D

【解析】 选项 D,属于关闭 Excel 文件的方法。

四、Excel 软件的用户界面

Excel 软件的默认用户界面因版本不同而有所区别。

Excel 2003 及以下版本的默认用户界面基本相同,由标题栏、菜单栏、工具栏、编辑区、工作表区、状态栏和任务窗格等要素组成;Excel 2007 及以上版本的默认用户界面基本相同,主要由功能区、编辑区、工作表区和状态栏等要素组成。

以 Excel 2010 为例,操作界面如图所示。

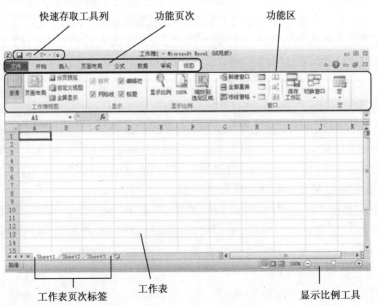

（一）标题栏

标题栏位于窗口的最上方，依次列示 Excel 软件的图标、文档的标题和控制 Excel 窗口的按钮。Excel 文件称作工作簿，标题上显示的"财务分析"是当前打开的工作簿文件的名称；工作簿名称后面显示的是应用程序名称（Microsoft Excel），保存时可根据情况自行命名。标题栏左侧是快速访问工具栏自定义按钮，单击可以自定义常用命令按钮；右侧是程序窗口最小化、最大化/还原及关闭按钮。

（二）文件菜单

文件菜单是 Excel 2010 的新增选项，单击可对文档实施保存、打开、新建、打印、选项设置等命令。

（三）功能区

在 Excel 2010 窗口上方看起来像菜单的名称其实是功能区的名称，当单击这些名称时并不会打开菜单，而是切换到与之相对应的功能区。每个功能区根据功能的不同又分为若干个组，每个功能区所拥有的功能如下所述：

1."开始"功能区

"开始"功能区中包括剪贴板、字体、对齐方式、数字、样式、单元格和编辑等组，该功能区主要用于帮助用户对 Excel 2010 表格进行文字编辑和单元格的格式设置，是用户最常用的功能区。

2."插入"功能区

"插入"功能区包括表、插图、图表、迷你图、筛选器、链接、文本和符号等组，主要用于在 Excel 2010 表格中插入各种对象。

3."页面布局"功能区

"页面布局"功能区包括主题、页面设置、调整为合适大小、工作表选项、排列等组，用于帮助用户设置 Excel 2010 表格页面样式。

4."公式"功能区

"公式"功能区包括函数库、定义的名称、公式审核和计算等组，用于实现在 Excel 2010 表格中进行各种数据计算。

5."数据"功能区

"数据"功能区包括获取外部数据、链接、排序和筛选、数据工具和分级显示等组，用于实现在 Excel 2010 表格中对各种数据进行编辑。

6."审阅"功能区

"审阅"功能区包括校对、中文简繁转换、语言、批注和更改等组，主要用于对 Excel 2010 表格进行校对和修订等操作，适用于多人协作处理 Excel 2010 表格数据。

7."视图"功能区

"视图"功能区包括工作簿视图、显示、显示比例、窗口和宏等组，主要用于帮助用户设置 Excel 2010 表格窗口的视图类型，以方便操作。

（四）名称栏和编辑栏

名称栏是显示所选活动单元格或区域的地址，名称栏中显示的 A4 表示在该工作表中当前所选活动单元格的地址为 A4。

编辑栏又叫公示栏，用来显示或编辑活动单元格的内容。二者之间的"fx"是函数按钮，单击该按钮会启动插入函数对话框。

（五）工作区

工作区是窗口中占据屏幕最大且用以记录数据的区域，由行号、列号、水平滚动条和垂直滚动条组成。工作区上边的 A，B，C，…是列标，左边的 1，2，3，…是行标。用户的工作最终都在工作区内完成，所有信息都存放在工作表区域内。数据输入在格子中，每个格子称作一个"单元格"，而且横向和纵向有坐标定位，第一个格子是 A1。工作区左上角是全选按钮，单击则选中当前工作表的全部单元格。

（六）工作表标签

工作表标签位于工作表区域的左下部，用于显示工作表的名称。"sheet1、sheet2、sheet3"表示该工作簿共有 3 张工作表，其中"sheet1"是当前工作表（当前工作表为白底），"sheet2、sheet3"为非当前工作表（底色为灰色）。工作表标签左边为滚动条，单击左右查看不同的工作表；右边按钮为插入工作表按钮，单击可在其左侧插入新工作表。

（七）状态栏

状态栏位于工作表区域的最下方，用于显示当前命令或操作的相关信息。在进行数据编辑时，其左下角将显示"输入"字样，输入完毕后将显示"就绪"字样，进行其他操作时也有相应的文字提示。状态栏右侧是视图切换按钮，有普通、页面布局、分页预览三个按钮；最右侧是显示比例及缩放滑块，拖动滑块可以缩放工作区内容。

真题解析

【例题 4-8】（判断题）Excel 软件各种版本的默认用户界面都是相同的。（　　）

【答案】 ×

【解析】 Excel 软件的默认用户界面因版本不同而有所区别。

【例题 4-9】（单选题）Excel 2003 默认在标签显示区显示前 3 个工作表的名称，从左到右依次为（　　）。

A. Sheet1、Sheet2、Sheet3　　　　　　B. 表1、表2、表3
C. 工作表1、工作表2、工作表3　　　　D. Book1、Book2、Book3

【答案】 A

【解析】 Excel 2003 默认在标签显示区显示前 3 个工作表的名称，从左到右依次为 Sheet1、Sheet2 和 Sheet3。

五、Excel 文件的管理

工作簿、工作表和单元格是 Excel 文件的三大主要元素，利用 Excel 表格对数据进行编辑，实际上就是对工作簿、工作表和单元格进行编辑操作。三者之间属于包含与被包含的关系，即一个工作簿包含一个或多个工作表，一个工作簿最多允许有 255 个工作表，一个工作表包含多个单元格。工作簿就像一本报表文件，工作表就是这本文件中的每一页，而单元格就是这一页上具体填写数字的格子。

（一）工作簿

工作簿是处理和储存数据的文件,所谓 Excel 文件,指的就是工作簿文件,其扩展名为".xsls"。工作簿是保存数据的场所,其基本操作包括新建、保存、打开、关闭和保护工作簿等。

1. Excel 文件的新建

单击"开始"菜单中列示的 Excel 快捷命令、桌面或任务栏中 Excel 的快捷方式图标或者通过"运行"对话框等方式启动 Excel 软件的,系统将自动建立一个新的空白工作簿,或者提供一系列模板以供选择,选定其中的空白工作簿模板后,新的空白工作簿窗口将在屏幕上呈现出来,并在标题栏中显示默认的文件名。

以打开现成 Excel 文件方式启动 Excel 软件的,可通过以下方法建立一个新的空白工作簿:

（1）按击快捷键"Ctrl + N"键;
（2）打开"文件"菜单,点击"新建"菜单命令,选定其中的空白工作簿模板;
（3）点击工具栏中的"新建"按钮。

真题解析

【例题 4-10】 （判断题）新建一个工作簿文件的快捷键是"Ctrl + H"。（   ）
【答案】 ×
【解析】 新建一个工作簿文件的快捷键是"Ctrl + N";"Ctrl + H"是打开"查找与替换"对话框的快捷键。

2. Excel 文件的保存

为了继续使用新建的 Excel 文件,应当以合适的名称和类型将 Excel 文件保存在适当的位置。Excel 文件在编辑修改完毕或退出 Excel 软件之前,均应进行保存。保存 Excel 文件的常用方法包括:

（1）通过单击功能键"F12"键进行保存。在弹出的"另存为"对话框中给文件命名并选择合适的位置保存。

（2）通过按击快捷键"Ctrl + S"键进行保存。对于新建的 Excel 文件,在弹出的"另存为"对话框中,给文件命名并选择合适的位置保存;对于之前已经保存过的文件,按击快捷键"Ctrl + S"键后,将直接保存最近一次的修改,不再弹出"另存为"对话框。

（3）单击常用工具栏(适用于 Excel 2003)或快捷访问工具栏(适用于 Excel 2010)中的"保存"或"另存为"按钮进行保存。

（4）通过"文件"菜单(或 Excel 2003"工具栏"菜单)中的"保存"或"另存为"命令进行保存。为了避免 Excel 软件运行意外中止而丢失大量尚未保存的信息,系统通常会默认保存自动恢复信息的时间间隔,这一时间间隔可以自定义。

真题解析

【例题4-11】（单选题）使用"文件"菜单中的"保存"命令,保存的是(　　)。
A. 当前工作表　　　　　　　　　　B. 全部工作表
C. 当前工作簿　　　　　　　　　　D. 全部打开的工作簿
【答案】 C
【解析】 文件菜单中选取的"保存"命令,是保存当前的工作簿。

【例题4-12】（判断题）如果 Excel 软件退出前有编辑的内容未被保存,软件将自动将其保存。(　　)
【答案】 ×
【解析】 如果 Excel 软件退出前有编辑的内容未被保存,将出现提示是否保存的对话框。

3. Excel 文件的关闭

Excel 软件退出前必须关闭打开的文件,因此,也可以采用前述三种 Excel 软件的退出方法来关闭处于打开状态的文件。此外,还可采用以下方法来关闭处于打开状态的 Excel 文件:

（1）点击"工具栏"中的"关闭"按钮或命令。在 Excel 2003 中,可点击"常用工具栏"中的"关闭"按钮或"工具栏"菜单中的"关闭"命令来关闭当前打开的文件。Excel 2013 中没有"工具栏"菜单,但可点击快速访问工具栏中的"关闭"按钮。

（2）点击"文件"菜单中的"关闭"命令。

（3）按击快捷键"Ctrl + F4"。

上述三种方法关闭的均是当前文件,其他处于打开状态的 Excel 文件仍处于打开状态,Excel 软件仍在运行。

4. Excel 文件的打开

打开 Excel 文件的方法主要有:
（1）通过直接点击 Excel 文件打开。
（2）通过快捷菜单中"打开"命令打开。
（3）通过 Excel"文件"菜单中的"打开"命令打开。
（4）通过常用工具栏（适用于 Excel 2003）或快速访问工具栏（适用于 Excel 2013）中的"打开"按钮打开。
（5）通过按击快捷键"Ctrl + O"（字母 O 的按键）打开。

5. Excel 文件的保密与备份

为了防止他人对重要的工作簿进行篡改、复制、删除等操作,应对制作的工作簿进行保护设置,保护设置包括加密与备份。

（1）通过"另存为"保密:打开"另存为"对话框,在"另存为"对话框中,点击下方"工具"下拉菜单中的"常规选项",在打开的"常规选项"对话框中,勾选"生成备份文件"选项,输入相应密码,点击"确定",保存 Excel 文件。

(2) 通过"文件"菜单的"保护工作簿"加密：单击打开的 Excel 文档中的"文件"菜单下的"保护工作簿"命令，选择"用密码进行加密"。输入相应的密码，并单击"确定"，完成对本文件的加密。

(3) 通过"审阅"选项卡加密：在"审阅"选项卡的"更改"分组中点击"保护工作簿"，在弹出的"结构和窗口"对话框中输入相应密码，然后单击"确定"。

真题解析

【例题 4-13】（判断题）保护工作簿是对工作簿的结构和窗口进行保护。（　　）
【答案】 √
【解析】 本题考核工作簿的保护操作。

6. Excel 文件的修改

Excel 文件的修改通常在已打开的 Excel 文件中进行，包括修改单元格内容、增删单元格和行列、调整单元格和行列顺序、增删工作表和调整工作表顺序。

7. Excel 文件的删除

Excel 文件的删除方法包括：
(1) 选中要删除的 Excel 文件，按击"Delete"键进行删除。
(2) 鼠标右键点击要删除的 Excel 文件，选择删除命令。

真题解析

【例题 4-14】（多选题）新建 Excel 文件的方法有（　　）。
A. 使用任务栏中的新建图标　　　　　B. 使用文件菜单中的新建命令
C. 使用工具栏中的新建命令　　　　　D. 使用"Ctrl+O"快捷键
【答案】 BC
【解析】 选项 A 应为单击常用工具栏的新建图标；选项 D 是打开文件的方法，新建应该是"Ctrl+N"。

【例题 4-15】（多选题）打开 Excel 文件的方法有（　　）。
A. 右键快捷菜单中的"打开"命令　　　B. 快捷键"Shift+O"
C. Excel"文件"菜单中的"打开"命令　　D. 常用工具栏"打开"按钮
【答案】 ACD
【解析】 选项 B，应该是"Ctrl+O"。

（二）工作表

工作表是工作簿里的一个表，在 Excel 中是用于存储和处理数据的主要文档，也称为电子表格。工作表由列或行来组成，纵向为列，以字母 A，B，C，…表示，横向为行，由 1，2，3，…组成，每一个工作表都对应一个工作表标签，通过工作表标签可以完成对工作表的切换、重命名、移动和复制等操作。

1. 选择工作表

通过单击窗口底部的工作表标签,可以快速选择不同的工作表。如果要同时在几个工作表中输入或编辑数据,可以通过选择多个工作表组合;还可以同时对选中的多个工作表进行格式设置或打印。具体操作:用鼠标单击相应的工作表标签即可选择对应工作表使之变为活动工作表;选择第一张工作表后按住"Ctrl"键不放,继续选择任意一张工作表标签可同时将该标签对应的工作表选择;选择第一张工作表后按住"Shift"键不放,继续选择任意一张工作表标签可同时选择这两个标签之内的所有工作表;在任意的工作表标签上单击鼠标右键,在弹出的快捷菜单中选择"选定全部工作表"命令可选择所有工作表。

真题解析

【例题4-16】 (多选题)在Excel中,修改工作表名字的操作不可以通过( )工作表标签中相应工作表名实现。

A. 用鼠标左键单击　　　　　　　　B. 用鼠标右键单击
C. 按住Ctrl键同时用鼠标左键单击　　D. 按住Shift键同时用鼠标左键单击

【答案】 ACD

【解析】 在Excel中,修改工作表名字的操作可以通过用鼠标右键单击或者鼠标左键双击工作表标签中相应工作表名实现。

2. 增加工作表

单击追加工作表标签按钮,或者按"Shift + F11"快捷键,可以在左侧插入工作表。Excel文件默认的是3个工作表,根据需要,可增加默认工作表数量。

具体操作:单击"文件"菜单,单击"选项",更改"包含的工作表数"后面的数字,设定新建工作簿时包含的工作表数量,然后点击"确定"按钮。

3. 移动或复制工作表

(1) 在同一个工作簿中移动或复制工作表。用鼠标拖动工作表标签,可以改变工作表在同一工作簿中的排列顺序;按住Ctrl键的同时用鼠标拖动工作表标签,可以复制这个工作表,原工作表名称加一带括号的序号即是新工作表的名称。

(2) 在不同工作簿中复制或移动工作表。单击鼠标右键打开想要移动的工作表标签的快捷菜单,选择"移动或复制工作表"命令,打开"移动或复制工作表"对话框,确定将指定工作表移至的工作簿名称,然后点击"确定"按钮,则所选定的工作表移动到目标工作簿,原工作簿中相应的工作表将被删除。工作表复制与移动的方法类似,不同的是在"移动或复制工作表"对话框中,按"确定"之前,先选取"建立复本"复选项。

4. 删除工作表

多余不用的工作表可以从工作簿中删除。工作表一旦删除是无法恢复的,所以在删除时一定要慎重,以免造成不必要的损失。用鼠标右键单击想要删除的工作表标签,在弹出的对话框中选择"删除",即可永久删除该工作表。

5. 隐藏与显示工作表

在编辑工作表的过程中,若不想表格中重要的数据信息外泄,可以将数据所在的工作表隐藏起来,待需要时再将其重新显示。用鼠标右键单击想要隐藏的工作表标签,在弹出的对话框中选择"隐藏",即可隐藏该工作表。当需要查看或编辑隐藏工作表中的数据时,在任意一个工作表标签处单击右键,在弹出对话框中选择"取消隐藏"即可。

(三) 单元格

工作表中行、列交汇处的区域称为单元格,它可以存放文字、数字、公式和声音等信息。在 Excel 中,单元格是存储数据的基本单位,通过对单元格的基本操作可以完成对工作表中数据的编辑。单元格的基本操作包括:选择单元格、命名单元格、合并与删除单元格、隐藏与显示单元格和保护单元格等。

1. 单元格地址和活动单元格

在工作表中,每一个单元格都有其固定的地址,一个地址只表示一个单元格,二者是一一对应关系。"B2"表示位于 B 列和第 2 行交汇处的单元格;"C6:E9"表示从单元格 C6 到单元格 E9 的整个区域;"Sheet1! A4"表示该单元格是工作表 Sheet1! 中的 A4 单元格。活动单元格是当前正在使用的单元格,在屏幕上用带黑色粗线的方框表示。活动单元格的地址会在名称框中显示出来,此时输入的数据会被保存在该单元格中,每次只能有一个单元格是活动的。

2. 选择单元格

选择单元格的常用方法有以下几种:

(1) 将鼠标指针移至目标单元格上,单击鼠标即可选择该单元格。

(2) 在某个单元格上按住鼠标左键不放并拖动鼠标,可选择连续的单元格组成的单元格区域。

(3) 选择某个单元格,然后按住"Shift"键不放,选择另一个单元格,即可将以这两个单元格为对角线的矩形所在范围内的所有单元格区域选择。

(4) 选择某个单元格,然后按住"Ctrl"键不放,继续选择其他单元格或单元格区域,可同时选择多个不相邻的单元格或单元格区域。

(5) 将鼠标指针移至需选择的行号或列标上,单击鼠标即可选择该行或该列上的所有单元格;单击工作表左上角行标与列标交叉处的单元格,可选择此工作表中的所有单元格。

3. 命名单元格

在处理庞大数据时,可根据需要为包含数据的某个单元格或单元格区域进行命名。Excel 允许对单元格或单元格区域的名称进行更改,以便快速选择该单元格或单元格区域。为单元格或单元格区域命名以后,在名称栏输入名称,然后按"Enter"键便可将其快速选择。

4. 合并与拆分单元格

Excel 允许对单元格进行合并操作,以达到美化表格、突出显示数据的目的,但只允许对合并后的单元格进行拆分。

选择两个或更多要合并的相邻单元格,在"开始"选项卡的"对齐方式"组中,单击"合并后居中",这些单元格将在一个行或列中合并,并且单元格内容将在合并单元格中居中显示。但是只有合并前左上角单元格中的数据保留在合并的单元格中,所选区域中所有其他单元格中的数据都被删除。如果要合并单元格而不居中显示内容,单击"合并后居中"旁边的箭头,然后单击"跨越合并"或"合并单元格"。单个的单元格是不能拆分的,只有合并以后的单元格才能进行拆分操作。首先选择合并的单元格,然后单击"合并后居中",则之前合并的单元格即被拆分,合并单元格的内容将出现在拆分单元格区域左上角的单元格中。

5. 隐藏与显示单元格

在编辑工作表的过程中,若不想将表格中某行或某列的重要数据信息外泄,可以将数据所在的行或列隐藏起来,待需要时再将其重新显示。Excel 中只能隐藏整行或整列单元格,不能隐藏单个的单元格,选中需要隐藏的行或列,单击右键,选择"隐藏"或"取消隐藏"。

真题解析

【例题 4-17】 (单选题)同时选定相邻的多个单元格时,应该按住(　　)键。
A. Enter　　　　　B. Shift　　　　　C. Alt　　　　　D. Ctrl
【答案】 B
【解析】 同时选定不相邻的多个单元格的组合键是 Ctrl。同时选定相邻的多个单元格的组合键是 Shift。

任务二　数据的输入与编辑

一、数据的输入

(一) 数据的手工录入

Excel 中,数据的输入和修改都在当前单元格或者对应的编辑栏中进行。Excel 文件打开后,所有单元格均默认处于就绪状态,等待数据的输入。

1. 在单个单元格中录入数据

单击某个单元格,然后在该单元格中输入数据;或者单击单元格后再单击编辑栏,在编辑栏中输入数据,然后按回车键确定录入,确认之后再选择其他单元格继续输入。如果在确认之前按 Esc 键,则取消刚才的输入。

2. 在单张工作表的多个单元格中快速录入完全相同的数据

(1) 选定单元格区域或不连续区域,选定不连续区域时,需按住"Ctrl"键,同时单击鼠标逐个选中。

(2) 在当前活动单元格或者对应的编辑栏中通过键盘从左向右依次键入所需的数字或文本。

(3) 通过"Ctrl + Enter"确认键入的内容。

3. 在单张工作表的多个单元格中快速录入部分相同的数据

在使用 Excel 进行报表处理时,我们常常会输入部分重复的数据,比如同一地区的身份证号码、银行代发工资的职工账号,前面部分是相同的数字组合。

(1) 选定设置格式的单元格。

(2) 右键选择"设置单元格格式"命令或按击"Ctrl + 1"键或通过菜单选择,打开"单元格格式"对话框。

（3）单击"数字"选项卡，选择"自定义"选项，任选一种内置格式在"类型"框中输入重复部分的数字，如某单位职工银行账号的前 8 位数字"12345678"（一定要在数字上加上双引号，后面带上"#"符号），单击"确定"按钮后退出。这样在输入银行账号时，只需输入 12345678 之后的数字即可。

4. 在工作组的一个单元格或多个单元格中快速录入相同的数据

（1）将工作簿中多张工作表组合成工作组。组合的方法是按住"Ctrl"键，同时用鼠标依次单击需要的工作表标签，就可以同时选定多个工作表组成工作组，或者如果需要选定的工作表为连续排列的工作表，可以单击其中第一个工作表标签，然后按住"Shift"键，再单击连续工作表中的最后一个工作表标签，即可同时选定；若需要选定当前工作簿中的所有工作表组成工作组，可以在工作表标签上单击右键，在弹出的快捷菜单上选择"选定全部工作表"。

（2）在当前工作表中选定目标单元格，如同按照在单个单元格中录入数据的方法键入相关数据，即可实现在工作组的多个工作表中录入相同的数据。

（3）完成数据录入后，可采用以下方法取消工作组：单击工作组以外的工作表标签，或者在工作表标签上单击右键，在弹出的快捷菜单上选择"取消组合工作表"。

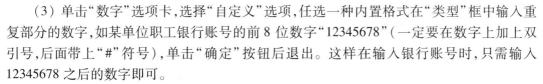

真题解析

【例题 4-18】 （单选题）下列对某一单元格的操作中，可以使单元格变为"输入"状态的是（　　）。

A. 左键单击单元格　　　　　　　B. 将光标移到单元格
C. 左键双击单元格　　　　　　　D. 右键单击单元格

【答案】　C
【解析】　当双击单元格键入内容时，状态栏显示"输入"字样。

【例题 4-19】 （单选题）在单张工作表的多个单元格中录入完全相同数据的方法是（　　）。

A. 在选定区域中录入数字或文本后，按"Ctrl + Enter"组合键
B. 在选定区域中录入数字或文本后，按"Ctrl + Shift"组合键
C. 在选定区域中录入数字或文本后，按"Enter"键
D. 不能在非连续区域中录入完全相同的数据

【答案】　A
【解析】　可以通过"Ctrl + Enter"组合键在选定的连续或非连续区域中录入完全相同的数字或文本。

（二）快速填充单元格数据

1. 填充相同数据

某单元格的内容需要复制到其他单元格时，通常可点击该单元格右下角的填充柄，鼠标箭头随之变为黑十字形，按住鼠标左键向上下左右的任一方向拖动，然后松开鼠标左键，该单元格的内容即被填充到相关单元格。

2．填充序列

序列是指按照某种规律排列的一列数据,如等差数列、等比数列等。使用填充柄可自动根据已填入的数据填充序列的其他数据。使用填充序列的操作步骤是:

(1)在一个单元格中键入起始值。

(2)在下一个单元格中再键入一个值,建立一个模式。例如,如果要使用序列1,2,3,4,5,…,在前两个单元格中分别输入1和2,选中包含起始值的单元格。

(3)选中上述两个单元格,拖动填充柄(位于选定区域右下角的小黑方块,将鼠标指向填充柄时,鼠标的指针更改为黑十字)到要填充的最后一个单元格,则可涵盖要填充的整个范围。

3．指定填充序列的类型

利用自动填充功能填充序列后,可以指定序列类型,如填充日期值时,可以指定按月填充、按年填充或者按日填充等。

拖动填充柄并释放鼠标时,鼠标箭头附近出现"自动填充选项"按钮,单击该按钮打开下拉菜单以选择填充序列的类型。

【例题4-20】 （多选题）当单元格右下角出现黑色十字形的填充柄时,可填充(　　)。

A．相同的数据　　　　　　　　　B．具有一定规律的序列

C．可以指定填充序列的类型　　　D．可以向上、下、左、右四个方向填充

【答案】 ABCD

【解析】 当单元格右下角出现黑色十字形的填充柄时,按住鼠标左键向上下左右的任一方向拖动,可填充相同数据、可以指定填充序列的类型、可以填充具有一定规律的序列。

二、数据的编辑

快捷键:复制(Ctrl+C)、剪切(Ctrl+X)、粘贴(Ctrl+V)。

数据的剪切与复制不同,数据复制后,原单元格中的数据仍然存在,目标单元格中同时还增加原单元格中的数据;数据剪切后,原单元格中的数据不复存在,只在目标单元格中增加原单元格中的数据。

(一)数据的复制或剪切

1．数据的复制和粘贴

"复制和粘贴"是复制单元格的内容,并将它们粘贴到新的位置,原单元格位置及内容保持不变。

(1)选中含有复制内容的对象。可以选中单个单元格、连续区域或不连续区域的单元

内容。

（2）复制原单元格的内容。复制的方法,可使用"开始"选项卡下常用工具栏进行复制,也可使用单击鼠标右键进行复制,还可以使用快捷键"Ctrl + C"。

（3）选中需要粘贴的目标位置。

（4）粘贴复制的内容。粘贴可以使用"开始"选项卡下常用工具栏中的"粘贴",也可使用右键粘贴,还可以使用快捷键"Ctrl + V"实现。

此外,还可以使用"选择性粘贴"命令有选择地粘贴剪贴板中的数值、格式、公式、批注等内容。

2. 数据的剪切与粘贴

数据剪切后,原单元格中的数据不复存在,只在目标单元格中保留原单元格中的数据。实现方法:选中要剪切的内容,使用快捷键"Ctrl + X",或者单击"开始"选项卡中的"剪切"按钮进行剪切,或者使用右键剪切;选中目标位置,粘贴即可。

真题解析

【例题4-21】　（单选题）下列关于数据的复制与剪切的说法中,错误的是(　　)。

A. 数据的剪切与复制不同

B. 复制和剪切的快捷键都是"Ctrl + C"

C. 数据复制后,原单元格中的数据仍然存在,目标单元格中同时还增加原单元格中的数据

D. 数据剪切后,原单元格中数据不复存在,只在目标单元格中增加原单元格中的数据

【答案】　B

【解析】　复制的快捷键是"Ctrl + C";剪切的快捷键是"Ctrl + X"。

（二）数据的查找和替换

查找和替换是编辑处理过程中常要执行的操作,在 Excel 中除了可查找和替换文字外,还可查找和替换公式与附注。

快捷键：Ctrl + F(查找)、Ctrl + H(替换)。

通配符:"?"代替任意单个字符,"＊"代替多个任意字符。

例如:查询"? k ＊",表示前一个字符是任意单个字符,第二个字符是"k",后面是多个任意字符。

1. 查找和替换特定数据

（1）在"开始"选项卡的"编辑"组中找到"查找和选择"按钮并单击,在弹出的菜单中单击"查找"或"替换"命令,或者使用快捷键"Ctrl + H"或"Ctrl + F",打开"查找和替换"对话框。

（2）在"查找内容"框中输入相应的字符串,单击"查找全部"或"查找下一个"按钮,当 Excel 找到匹配的内容后,单元格指针就会指向该单元格;单击"替换"按钮,在"替换内容"中输入相应的字符串,再单击对话框下方"全部替换"或"替换"即可。

2. 选中包含公式的单元格

在"开始"选项卡的"编辑"组中找到"查找和选择"按钮并单击。在弹出的菜单中选择

"公式",即可选中包含有公式的单元格。

3. 替换格式

在"查找与替换"对话框中,单击"选项"按钮,打开"替换格式"对话框。进行相应的格式设置后单击"替换",实现替换以后格式的定义。

真题解析

【例题 4-22】（判断题）Excel 中的通配符"?"代替多个任意字符,"﹡"代替任意单个字符。（　　）

【答案】 ×

【解析】 Excel 中的通配符"?"代替任意单个字符,"﹡"代替多个任意字符。

【例题 4-23】（多选题）Excel 中查找的内容包括(　　)。

A. 公式　　　　B. 文本　　　　C. 批注　　　　D. 字符

【答案】 ABCD

【解析】 通过 Excel 中的查找命令,可以在工作表中迅速找到那些含有指定字符、文本、公式或批注的单元格。

(三) 查看所有工作表公式

单击某一单元格,可查看该单元格公式;但若要查看所有工作表公式,需同时按"Ctrl"和"~",则单元格值和单元格公式可来回切换,即按一次为公式,再按一次为数值。也可使用公式功能区中的"显示公式"命令。

三、数据的保护

(一) 保护工作簿

1. 限制编辑权限

设置两项保护内容:结构、窗口。

Excel 2003:工具→保护→保护工作簿。

Excel 2007:审阅→更改→保护工作簿。

2. 设置工作簿打开权限密码

Excel 2003:"另存为"→工具→常规选项。

Excel 2007:左上角"Office 或文件按钮"。

工作簿的保护,详细介绍参考前面 Excel 文件加密,此处不再赘述。

(二) 保护工作表

保护工作表可以防止用户在工作表中插入、删除行或列、设置单元格格式等,限制他人对工作表的编辑权限。

设置方法:在"审阅"选项卡的"更改"分组中点击"保护工作表";在弹出的"保护工作表"对话框中输入密码后,然后单击"确定"。

如果要撤销保护工作表,按设置保护工作表的方法选择保护即可。

（三）锁定单元格

为防止他人擅自改动单元格中的数据,可将一些重要的单元格锁定。锁定单元格不仅可以保护单元格中的数据,而且还能隐藏单元格中的公式。锁定单元格,必须先对工作表进行保护才可以实现。

锁定单元格的步骤:

（1）保护工作表。

（2）选中需要进行保护的单元格或单元区域。

（3）然后点击鼠标右键,在弹出菜单中选择"设置单元格格式";在"设置单元格格式"窗口中选择"保护"选项,选中"锁定",单击"确定",则对选定的单元格进行保护。

真题解析

【例题 4-24】 （判断题）保护工作簿必须启用保护工作表功能。（　　）

【答案】　×

【解析】　保护工作簿可以单独启用。锁定单元格必须启用保护工作表功能。

【例题 4-25】 （多选题）Excel 数据的保护包括(　　)。

A. 保护工作簿　　　　　　　B. 保护工作表
C. 锁定单元格　　　　　　　D. 冻结窗格

【答案】　ABC

【解析】　冻结窗格不属于数据的保护,只是视图上的一个调整。当我们在制作一个 Excel 表格时,如果列数较多,行数也较多时,一旦向下滚屏,则上面的标题行也跟着滚动,在处理数据时往往难以分清各列数据对应的标题,这时可利用"冻结窗格"功能。具体方法是将光标定位在要冻结的标题行(可以是一行或多行)的下一行,然后选择"冻结窗格"即可。滚屏时,被冻结的标题行总是显示在最上面,增强了表格编辑的直观性。

【例题 4-26】 （多选题）Excel 中对数据的保护,体现在(　　)的保护。

A. 工作簿　　　B. 工作表　　　C. 单元格　　　D. 工作组

【答案】　ABC

【解析】　Excel 中对数据的保护,体现在保护工作簿、保护工作表、锁定单元格。

任务三　公式与函数的应用

一、公式的应用

工作表中的数据往往需要进行大量的计算,Excel 根据单元格之间的勾稽关系,利用公式自动完成这些运算。

（一）公式的概念及其构成

1. 公式的概念

公式是指一系列运算体和运算符在单元格中有序连接而成的特定组合。运算体是指能够运算的数据或数据所在单元格的地址名称、函数等；运算符是指加（＋）、减（－）、乘（＊）、除（／）、乘方、开方等数学运算符号以及用于标示特定运算顺序的小圆括号"（）"。

例如：＝50＋A2＊3－SUM（C1：E5）。

包含：＝、运算体、运算符（公式总是以等号"＝"开始）。

（1）运算体是指能够运算的数据或者数据所在单元格的地址名称、函数等。如上例中50、A2、SUM（C1：E5）。

（2）运算符是使 Excel 自动执行特定运算的符号。在 Excel 中，运算符主要有四种类型：算术运算符、比较运算符、文本运算符、引用运算符。

① 算术运算符：可以完成基本的数学运算，包括："＋"（加）、"－"（减）、"＊"（乘）、"／"（除）、"^"（乘方）等，运算的结果为数值。

算术运算符	含 义	示 例
＋（加号）	加	A＋B
－（减号）	减	B－C
＊（星号）	乘	5＊6
／（正斜杠）	除	21/7
%（百分号）	百分比	15%
^（脱字号）	乘方	2^3

真题解析

【例题4-27】（单选题）在向 Excel 工作表的单元格里输入公式时，运算符有优先顺序，下列（　　）说法是错误的。

A. 乘和除优先于加和减　　　　　　B. 乘方优先于负号
C. 百分比优先于乘方　　　　　　　D. 字符串连接优先于关系运算

【答案】B
【解析】负号优先于乘方，－3^2＝9。

② 比较运算符：可以比较两个同类型的数据（都是数值或都是字符或都是日期），包括："＝"（等于）、"＞"（大于）、"＜"（小于）、"＞＝"（大于等于）、"＜＝"（小于等于）、"＜＞"（不等于），运算的结果为逻辑值 TRUE 或 FALSE。

比较运算符	含 义	示 例
=(等号)	等于	A1 = B1
>(大于号)	大于	A1 > B1
<(小于号)	小于	A1 < B1
>=(大于等于号)	大于或等于	A1 >= B1
<=(小于等于号)	小于或等于	A1 <= B1
<>(不等号)	不等于	A1 <> B1

③ 文本运算符:"&"(连接运算符),用于把前后两个字符串连接在一起,生成一个字符串。算术运算符和文本运算符优于比较运算。

文本运算符	含 义	示 例
&(与号)	将两个值连接(或串联)起来产生一个连续的文本值	"Inter&net"的结果为"Internet"

④ 引用运算符是 Excel 特有的运算符,可以使用以下运算符对单元格区域进行合并计算。引用运算一般都涉及单元格引用,即公式中输入单元格地址时,表示该单元格中的内容参加运算。当引用的单元格中的数据发生变化时,公式自动重新计算并更新计算结果。包括:

1) 区域运算符":"(冒号):产生对包括在两个引用之间的所有单元格的引用,如上例中 SUM(C1:C5)。

2) 联合运算符","(逗号):将多个引用合并为一个引用,即取多个区域的并集,如 SUM(A1:A5,C1:C5)。

3) 交叉运算符" "(空格):产生对多个引用共有的单元格的引用,即多个区域的交集,如 SUM(A1:B5 A4:D9),相当于 SUM(A4:B5)。

引用运算符	含 义	示 例
:(冒号)	区域运算符,生成一个对两个引用之间所有单元格的引用(包括这两个引用)	A1:C5
,(逗号)	联合运算符,将多个引用合并为一个引用	SUM(B5,D5:F15)
(空格)	交集运算符,生成一个对两个引用中共有单元格的引用	B7:D7 C6:C8

如果公式在运用过程中出现错误,系统会自动产生提示信息,明确这些信息产生的原因,可有助于用户检查、修改公式,直到公式正确。

常见单元格公式错误信息表

显示信息	原 因
#####	列宽不足以显示内容
#DIV/0!	在公式中有除数为零,或者有除数为空白的单元格(Excel 把空白单元格也当作0)
#N/A	在公式中使用查找功能的函数时,没有可用的数值

续表

显示信息	原因
#NAME?	在公式中使用了 Excel 无法识别的文本。例如函数的名称拼写错误,使用了没有被定义的区域或单元格名称,引用文本时没有加引号等
#NUM!	当需要数字型参数时,公式中却引用了一个非数字型参数;给了公式一个无效的参数;公式返回的值太大或者太小
#VALUE	文本类型的数据参与了数值运算,函数参数的数据类型不正确;函数的参数本应该是单一值,却提供了一个区域作为参数;输入一个数组公式时,忘记按 Ctrl + Shift + Enter 键
#REF!	公式中使用了无效的单元格引用。例如,删除了被公式引用的单元格;把公式复制到含有引用自身的单元格中
#NULL!	使用了不正确的区域运算符或引用的单元格区域的交集为空

2. 公式的构成

在 Excel 中,公式总是以等号" = "开始,以运算体结束,相邻的两个运算体之间必须用能够正确表达二者运算关系的运算符号进行连接,即公式的完整。

公式表达式按以下方式依次构成:等号" = "、第一个运算体、第一个运算符、第二个运算体、第二个运算符……依次类推,直至最后一个运算体。另外,为了改变运算顺序,有些公式还在适当位置配对使用一个或多个小圆括号,但不能使用中括号。

Excel 能够按照公式自动进行智能运算,并将运算结果默认显示在公式所在的单元格里,对应的编辑栏则显示完整的公式表达式。该单元格处于编辑状态时,单元格也将显示等号" = "及其运算体和运算符,与所对应编辑栏显示的内容相一致。

真题解析

【例题 4-28】 (判断题)在公式中使用小圆括号可以改变运算的优先顺序。(　　)
【答案】 √
【解析】 为了改变运算优先顺序,应将公式中需要最先计算的部分使用一对左右小圆括号。

(二) 公式的创建与修改

1. 公式的创建

(1) 手动输入公式。手动输入公式的操作步骤:

① 选定目标单元格。

② 在目标单元格或其对应的编辑栏中键入等号" = ",输入的内容在单元格和编辑栏中同步显示。

③ 输入第一个运算体、第一个运算符、第二个运算体、第二个运算符……依次类推,直至最后一个运算体。如有小圆括号,应注意其位置以及左右括号的匹配。

④ 确认新创建的公式。

(2) 移动点击输入公式。当输入的公式中含有其他单元格的数值时,为了避免重复输入费时甚至出错,可以移动点击输入数值所在单元格的地址(即引用单元格的数值)。

移动点击输入公式的操作方法是:
① 选中需要输入公式的单元格。
② 在单元格或其对应的编辑框中输入等号,必须直接输入数值和运算符。
③ 将鼠标从需要输入的另一单元格数值处移至该数值所在的单元格,然后单击该数值所在单元格(也可通过移动方向键去选取),该数值所在单元格变为四周闪烁的彩色边框,公式所在单元格及其对应编辑栏中出现该数值所在单元格的地址名称,其名称的颜色与边框的颜色相同,光标自动返回公式所在单元格或对应编辑栏中显示该地址的后面,等待输入其他内容。
④ 继续输入运算符和其他数值或单元格的地址名称。
⑤ 确认新创建的公式。

(三) 公式的编辑与修改

1. 基本方法

公式的编辑和修改方法包括:
(1) 双击公式所在的单元格直接在单元格内更改内容。
(2) 选中公式所在的单元格,按下"F2"键后直接在单元格内更改内容。
(3) 选中公式所在的单元格后单击公式编辑栏,在公式编辑栏中作相应更改。

2. 在公式与运算结果之间切换

公式与运算结果之间切换的具体操作为:
(1) 在单元格显示运行结果时,选中单元格,按下"Ctrl + ~"组合键,可切换为显示公式内容。
(2) 在单元格内容显示公式内容时,选中单元格,按下"Ctrl + ~"组合键,可切换为显示运行结果。

3. 查看公式中某一步的运算结果

操作步骤:
(1) 选中公式所在单元格,双击或按"F2"进入编辑状态。
(2) 用鼠标选中需要查看其结果的部分公式,按"F9"键,此时公式转化为运算结果数值,单元格显示选中部分公式对应的运算结果。
(3) 按"Ctrl + V"将数值结果恢复为公式。

4. 将公式运算结果转换为数值

采用复制粘贴的方法将公式原地复制,然后通过选择性粘贴,只粘贴数值。

真题解析

【例题4-29】 (判断题)查看公式中某一步的运算结果后,将数值结果恢复为公式需要按击"Ctrl + ~"快捷键。(　　)

【答案】 ×

【解析】 查看公式中某一步的运算结果后,将数值结果恢复为公式需要按击"Ctrl + V"快捷键。在单元格显示运行结果时,按击"Ctrl + ~"快捷键可切换为显示公式内容。

【例题 4-30】 （单选题）下列属于区域运算符的是（   ）。
A."/"　　　　　　B."&"　　　　　　C．":"　　　　　　D．","
【答案】 C
【解析】 选项 A 为算术运算符；选项 B 为文本运算符；选项 D 为联合运算符。

二、单元格的引用

单元格的引用是指在不同单元格之间建立链接，以引用来自其他单元格的数据。引用的作用在于标识工作表上的单元格或单元格区域，并指明公式中所使用的数据的位置。

通过引用，可以在公式中使用工作表不同部分的数值，或者在多个公式中使用同一单元格的数值。还可以引用同一工作簿不同工作表的单元格、不同工作簿的单元格甚至其他应用程序中的数据。例如：=68+B2*3-SUM(C1:C5)。

（一）引用的类型

单元格的引用包括相对引用、绝对引用和混合引用三种。

1．相对引用

公式中的相对单元格引用(例如 A1)是基于包含公式和单元格引用的单元格的相对位置，被引用单元格的列标和行标前不加任何标示性符号。如果公式所在单元格的位置改变，引用也随之改变。如果多行或多列地复制公式，引用会自动调整。Excel 默认使用单元格的相对引用。

2．绝对引用

公式中的绝对单元格引用(例如 $A$1)不论包含公式的单元格处在什么位置，公式中所引用的单元格位置都是其工作表的确切位置，不会发生变化。单元格的绝对引用通过在行标和列标前加一个美元符号"$"来表示，例如：=68+$B$2*3-SUM(C1:C5)。

3．混合引用

混合引用具有绝对列和相对行，或是绝对行和相对列。绝对引用列采用 $A1、$B1 等形式，绝对引用行采用 A$1、B$1 等形式。如果公式所在单元格的位置改变，则相对引用改变，而绝对引用不变。如果多行或多列地复制公式，相对引用自动调整，而绝对引用不做调整。例如，如果将一个混合引用 A$1 从 A2 复制到 B3，它将从 =A$1调整到 =B$1。

真题解析

【例题 4-31】 （多选题）下列对 Excel 的引用类型说法正确的有（   ）。
A．引用类型包括相对引用、绝对引用和直接引用
B．单元格绝对引用的表示符号是 $
C．Excel 默认使用的单元格引用是相对引用
D．输入完单元格地址后，重复按 F4 键可选择合适的引用类型
【答案】 BCD
【解析】 Excel 中引用的类型包括相对引用、绝对引用和混合引用。Excel 默认使用的单元格引用是相对引用。

项目四 电子表格软件在会计中的应用

【例题4-32】 （判断题）如果公式中使用了相对引用的单元格,当公式被复制到同一工作表的其他位置时,公式的值不变。（ ）

【答案】 ×

【解析】 相对引用的单元格,粘贴到不同的单元时,引用会自动调整。例如：=68+$B2*3-SUM(C1:C5)。

（二）输入单元格引用

在 Excel 中输入公式时,在公式中可以直接输入单元格的地址引用单元格,也可以使用鼠标或键盘的方向键移点选择单元格。只要正确使用"F4"键,就能简单地对单元格的相对引用和绝对引用进行切换。比如在某单元格输入公式"=SUM(B4:B8)"。选中整个公式,按下"F4"键,该公式内容变为"=SUM($B$4:$B$8)",再按下"F4"键,公式内容又变为相对引用了。

（1）在列标和行标前直接输入"$"符号。

（2）输入完单元格地址以后,重复按"F4"键选择合适的引用类型。

（三）跨工作表单元格引用

跨工作表单元格引用是指引用同一工作簿中的其他工作表,又称三维引用。

格式：被引用的工作表名!被引用的数据源所在单元格地址。

例如：欲引用 Sheet3 工作表中的 A18 单元格,表达式为"Sheet3!A18"。

例如：=68+Sheet1!$B$2*3-SUM(C1:C5)。

真题解析

【例题4-33】 （判断题）跨工作表单元格引用时,必须加上工作表名和"!"号。（ ）

【答案】 √

【解析】 跨工作表单元格引用时,必须加上工作表名和"!"号。

（四）跨工作簿单元格引用

跨工作簿单元格引用是指引用其他工作簿中的单元格,又称外部引用。

格式：[被引用的工作簿名]被引用的工作表名!被引用的单元格。

例如,欲在 Book1 工作簿 Sheet3 工作表的 E8 单元格中引用 Book2 工作簿 Sheet2 工作表中的 D9 单元格,表达式为"[Book2]Sheet2!$D$9"。

真题解析

【例题4-34】 （单选题）以下哪种形式是单元格的跨工作簿引用格式（ ）。

A. sheet1!A5　　　　　　　　B. [book1]sheet1!A5

C. sheet1.A5　　　　　　　　D. [book1]sheet1.A5

【答案】 B

【解析】 引用格式如下：[被引用的工作簿名]被引用的工作表名!被引用的单元格。

三、函数的应用

Excel 函数即是预先定义,执行计算、分析等处理数据任务的特殊公式。在 Excel 中,函数可以快速执行有关计算。

函数的基本格式:函数名(参数序列)。

函数名称后紧跟左括号,接着是用逗号分隔的参数,最后用一个右括号表示函数结束。参数是函数中最复杂的组成部分,它规定了函数的运算对象、顺序或结构等,可以是数字、文本、数组、单元格引用、函数。输入公式特别要注意除中文文字外,函数中的参数均使用半角字符,字母无大小写之分。

在某些情况下,一个函数可能作为另一个函数的参数,构成嵌套函数。Excel 最多允许嵌套 7 层。

Excel 函数一共有 11 类,分别是数据库函数、日期与时间函数、工程函数、财务函数、信息函数、逻辑函数、查找与引用函数、数学与三角函数、统计函数、文本函数以及用户自定义函数。

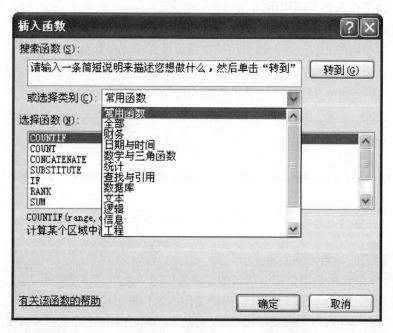

录入函数有三种方法:(1)在选中存放函数结果的单元格中,输入"="和函数;(2)使用位于名称框和编辑栏之间的"插入函数"按钮"fx";(3)使用快捷方式"Shift + F3"也可完成函数的录入。

(一)常用函数

1. 统计函数

(1) MAX(number1,number2,…)。

函数名称:MAX。

主要功能:求出一组数中的最大值。如果参数中有文本或逻辑值,则忽略。

使用格式:MAX(number1,number2,…)。

参数说明：number1，number2，⋯代表需要求最大值的数值或引用单元格（区域），参数不超过 30 个。

应用举例：输入公式：" = MAX(D2:D8)"，确认后即可显示出 D2 至 D8 单元及区域的数值中的最大值。

	A	B	C	D	E	F	G
1	工号	姓名	性别	销售额		销售统计	
2	1001	李红	女	950	MAX	最大销售额	1100
3	1002	王力	男	1100			
4	1003	张三	男	1050			
5	1004	李毅	男	900			
6	1005	王兰	女	930			
7	1006	张昆	男	950			
8	1007	林格	女	1070			

（2）MIN(number1,number2,⋯)。

函数名称：MIN。

主要功能：求出一组数中的最小值。

使用格式：MIN(number1，number2，⋯)。

参数说明：number1，number2，⋯代表需要求最小值的数值或引用单元格（区域），参数不超过 30 个。

应用举例：输入公式：= MIN(D2:D8)，确认后即可显示出 D2 至 D8 单元及区域的数值中的最小值。MAX/MIN 函数忽略参数中的逻辑值和文本。

（3）SUM(number1,number2,⋯)。

函数名称：SUM。

主要功能：计算所有参数数值的和。

使用格式：SUM(number1，number2，⋯)。

参数说明：number1，number2,⋯代表需要计算的值,可以是具体的数值、引用的单元格（区域）、逻辑值等。

应用举例：在 B5 单元格中输入公式：= SUM(D2:D8)，确认后即可在 G4 单元返回显示合计数。

（4）SUMIF(range,criteria,sum_range)。

函数名称：SUMIF。

主要功能：计算符合指定条件的单元格区域内的数值和。

使用格式：SUMIF(range，criteria，sumrange)。

参数说明：range 代表条件判断的单元格区域；criteria 为指定条件表达式；sum-range 代表需要计算的数值所在的单元格区域。

应用举例：在计算职称工资表时，可以使用 SUMIF 函数。函数"SUMIF(B2:B9,中级,C2:C9)"，表示返回中级职称的工资总和。

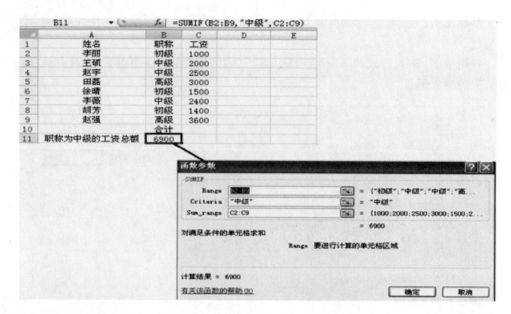

（5）AVERAGE(number1,number2,…)。

函数名称：AVERAGE。

主要功能：求出所有参数的算术平均值。

使用格式：AVERAGE(number1，number2,…)。

参数说明：number1，number2,…代表需要求平均值的数值或引用单元格(区域)，参数不超过30个。

应用举例：在B8单元格中输入公式：=AVERAGE(D2:D8)，确认后，即可求出D2:D8区域中的数值的平均值。

（6）AVERAGEIF(range,criteria,average_range)。

函数名称：AVERAGEIF。

主要功能：AVERAGEIF函数返回某个区域内满足给定条件的所有单元格的平均值(算术平均值)。

使用格式：AVERAGEIF(range，criteria，average_range)。

参数说明：range代表要计算平均值的一个或多个单元格，其中包括数字或包含数字的名称数组或引用；criteria是数字、表达式、单元格引用或文本形式的条件，用于定义要对哪些单元格计算平均值；average_range代表要计算平均值的实际单元格集，如果忽略，则使用range。如果range为空值或文本值，则AVERAGEIF会返回#DIVO!错误值。

如果条件中的单元格为空单元格,AVERAGEIF 就会将其视为 0 值。

如果区域中没有满足条件的单元格,则 AVERAGEIF 会返回#DIV/O! 错误值。

地区	利润（千元）		
东部	45678		
西部	23789		
北部	-4789		
南部（新办事处）	0		
中西部	9678		
说明（结果）	公式		
求西部和中西部地区的所有利润的平均值	16733.5	→	=AVERAGEIF(A2:A6,"=*西部",B2:B6)
求新办事处以外所有地区的所有利润的平均值	18589	→	=AVERAGEIF(A2:A6,"<>*（新办事处）",B2:B6)

（7）COUNT(value1,value2,…)。

函数名称：COUNT。

主要功能：返回包含数字以及包含参数列表中的数字的单元格的个数。利用函数 COUNT 可以计算单元格区域或数字数组中数字字段的输入项个数。

使用格式：COUNT(value1, value2,…)。

参数说明：value1, value2,…为包含或引用各种类型数据的参数（1 到 30 个），但只有数字类型的数据才被计算。函数 COUNT 在计数时,将把数字、日期或以文本代表的数字计算在内,但是错误值或其他无法转换成数字的文字将被忽略。

应用举例：=COUNT(D3:D14),计算上列数据中包含数字的单元格的个数。

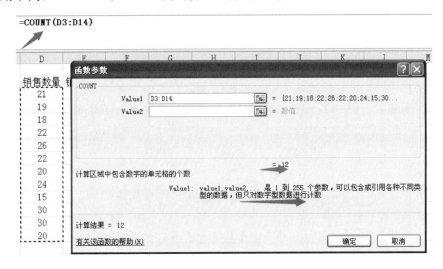

（8）COUNTIF(range,criteria)。

函数名称：COUNTIF。

主要功能：统计某个单元格区域中符合指定条件的单元格数目。

使用格式：COUNTIF(range, criteria)。

参数说明：range 代表要统计的单元格区域;criteria 表示指定的条件表达式。

应用举例：在 F5 单元格中输入公式：=COUNTIF(C3:C12,"本科"),确认后,即可统计出 C3 至 C12 单元格区域中,数值等于"本科"的单元格数目。

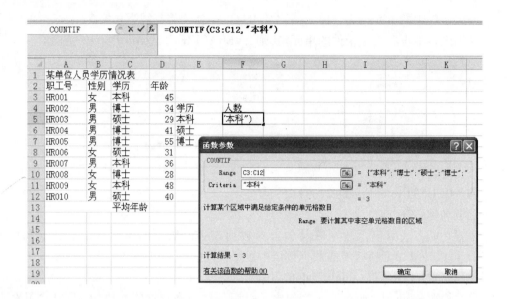

真题解析

【例题4-35】 (单选题)MAX函数的功能是( )。

A. 求指定区域最大值　　　　　　　B. 求指定区域最小值

C. 求指定区域之和　　　　　　　　D. 求指定区域平均数

【答案】 A

【解析】 MAX用于返回数值参数中的最大值。

【例题4-36】 (单选题)A1=100,B1=200,A2=300,B2=400,则公式=SUM(A1:B2)结果为( )。

A. 100　　　　　B. 200　　　　　C. 1000　　　　　D. 500

【答案】 C

【解析】 SUM( )函数用于计算单元格区域中所有数值的和。A1:B2区域包含A1、A2、B1、B2。

【例题4-37】 (判断题)COUNT用于计算包含数字的单元格以及参数列表中数字的个数。( )

【答案】 √

【解析】 COUNT属于统计函数,用于计算包含数字的单元格以及参数列表中数字的个数。

2. 文本函数

(1) LEN(text)。

函数名称:LEN。

主要功能:统计文本字符串中字符数目。

使用格式:LEN(text)。

参数说明:text表示要统计的文本字符串。

应用举例:假定 A1 单元格中保存了"中华人民共和国"的字符串,我们在 C4 单元格中输入公式:=LEN(A1),确认后即显示统计结果"7"。

(2) LEFT(text,num_chars)。

函数名称:LEFT。

主要功能:从一个文本字符串的左边第一个字符开始,截取指定数目的字符。

使用格式:LEFT(text, numchars)。

参数说明:text 代表要截字符的字符串;numchars 代表给定的截取数目。

应用举例:假定 A6 单元格中保存了"江苏省会计从业资格"的字符串,我们在 C6 单元格中输入公式:=LEFT(A6,3),确认后即显示出"江苏省"的字符。

(3) RIGHT(text,num_chars)。

函数名称:RIGHT。

主要功能:从一个文本字符串的右边最后一个字符开始,截取指定数目的字符。

使用格式:RIGHT(text, numchars)。

参数说明:text 代表要截字符的字符串;numchars 代表给定的截取数目。

应用举例:假定 A6 单元格中保存了"江苏省会计从业资格"的字符串,我们在 C6 单元格中输入公式:=RIGHT(A6,6),确认后即显示出"会计从业资格"的字符。

(4) MID(text,start_num,num_chars)。

函数名称:MID。

主要功能:从一个文本字符串的指定位置开始,截取指定数目的字符。

使用格式:MID(text, startnum, numchars)。

参数说明:text 代表一个文本字符串;startnum 表示指定的起始位置;numchars 表示要截取的数目。

应用举例:假定 A7 单元格中保存了"江苏省会计从业资格"的字符串,我们在 C7 单元格中输入公式:=MID(A7,4,4),确认后即显示出"会计从业"的字符。

3. 逻辑函数 IF

函数名称:IF。

主要功能:根据对指定条件的逻辑判断的真假结果,返回相对应的内容。

使用格式::=IF(logical, valueiftrue, valueiffalse)。

参数说明:logical 代表逻辑判断表达式;valueiftrue 表示当判断条件为逻辑"真(TRUE)"时的显示内容;valueiffalse 表示当判断条件为逻辑"假(FALSE)"时的显示内容。

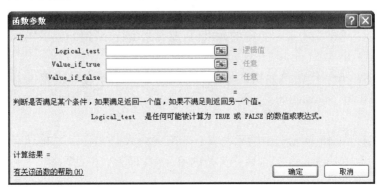

应用举例：在 C29 单元格中输入公式：=IF(C26>=18,"符合要求","不符合要求")，回车确认，如果 C26 单元格中的数值大于或等于18，则 C29 单元格显示"符合要求"字样，反之显示"不符合要求"字样。

真题解析

【例题4-38】 （单选题）A1=100,B1=50,A2=30,B2=20,则公式=IF(A1<=60,A2,B2)结果为(   )。

A. 100　　　　　　B. 50　　　　　　C. 30　　　　　　D. 20

【答案】 D

【解析】 如果 A1<=60，就返回 A2 单元格的数值，如果 A1>60，就返回 B2 的值。

4. 查找与引用函数

（1）VLOOKUP 函数。

函数名称：VLOOKUP。

主要功能：在数据表的首列查找指定的数值，并由此返回数据表当前行中指定列处的数值。

使用格式：VLOOKUP(lookup_value, table_array, col_index_num, range_lookup)。

参数说明：lookupvalue 代表需要查找的数值；tablearray 代表需要在其中查找数据的单元格区域；col_index_num 为在 tablearray 区域中待返回的匹配值的列序号（当 colindexnum 为 2 时，返回 tablearray 第 2 列中的数值，为 3 时，返回第 3 列的值……）；range_lookup 为一逻辑值。如果为 TRUE 或省略，则返回近似匹配值，也就是说，如果找不到精确匹配值，则返回小于 lookupvalue 的最大数值；如果为 FALSE，则返回精确匹配值，如果找不到，则返回错误值#N/A。

应用举例：在科目汇总表计算过程中，期初余额的借方和贷方，可以直接从"期初余额表"中取数。公式"VLOOKUP(A3,期初余额表!A:D,3,0)"的含义是：在期初余额表中的 A:D 区域内，查找当前表中 A3 单元（即科目编码）行，返回其对应的第 3 列（即借方余额）的内容。

特别提醒：lookupvalue 必须在 tablearray 区域的首列中；如果忽略 rangelookup 参数，则 tablearray 的首列必须进行排序。

（2）INDEX 函数。

函数名称：INDEX。

主要功能：返回列表或数组中的元素值，此元素由行序号和列序号的索引值进行确定。

使用格式：INDEX(array, rownum, columnnum)。

参数说明：array 代表单元格区域或数组常量；rownum 表示指定的行序号（如果省略 rownum，则必须有 columnnum）；columnnum 表示指定的列序号（如果省略 columnnum，则必须有 rownum）。

应用举例：在 A5 单元格中输入公式：=INDEX(A1:F4,3,4)，确认后则显示出 A1 至 F4 单元格区域中，第 3 行和第 4 列交叉处的单元格（即 D3）中的内容。

特别提醒：此处的行序号参数（rowunm）和列序号参数（columnunm）是相对于所引用的

单元格区域而言的,不是 Excel 工作表中的行或列序号。

(3) MATCH 函数。

函数名称:MATCH。

主要功能:返回在指定方式下与指定数值匹配的数组中元素的相应位置。

使用格式:MATCH(lookupvalue,lookuparray,matchtype)。

参数说明:lookupvalue 代表需要在数据表中查找的数值;lookuparray 表示可能包含所要查找的数值的连续单元格区域;matchtype 表示查找方式的值(-1,0 或 1)。如果 matchtype 为 -1,查找大于或等于 lookupvalue 的最小数值,lookuparray 必须按降序排列;如果 matchtype 为 1,查找小于或等于 lookupvalue 的最大数值,lookuparray 必须按升序排列;如果 matchtype 为 0,查找等于 lookupvalue 的第一个数值,lookuparray 可以按任何顺序排列;如果省略 matchtype,则默认为 1。

如图所示,在 F2 中输入"=MATCH(E2,B1:B11,0)",则显示的结果是 8。

真题解析

【例题 4-39】 (判断题)MATCH 属于查找与引用函数。(   )

【答案】 √

【解析】 查找与引用函数包括 VLOOKUP、INDEX、MATCH 等。

【例题 4-40】 (多选题)表示返回 A1:G5 区域中第 3 行第 4 列的值的公式中,错误的有(   )。

A. INDEX(A1:G5,3,4) B. INDEX(G5:A1,3,4)
C. INDEX(G5:A1,4,3) D. INDEX(A1:G5,4,3)

【答案】 BCD

【解析】 INDEX(A1:G5,3,4)表示返回 A1:G5 区域中第 3 行第 4 列的值。

5. 日期与时间函数

(1) YEAR 函数。

函数名称:year。

主要功能：将系列数转换为年。

使用格式：YEAR(serial_number)。

参数说明：Serial_number 为一个日期值。其中包含要查找的年份。

应用举例：YEAR("2017/2/5")等于2017；YEAR("1995/05/01")等于1995。

(2) MONTH 函数。

函数名称：month。

主要功能：将系列数转换为月。

使用格式：MONTH(serial_number)。

参数说明：Serial_number 为一个日期值。其中包含要查找的月份。

应用举例：MONTH("2015/7/5")等于7；MONTH("2005/05/01")等于5。

(3) DAY 函数。

函数名称：DAY。

主要功能：求出指定日期或引用单元格中日期的天数。

使用格式：DAY（serial-number）。

参数说明：serialnumber 代表指定的日期或引用的单元格。

应用举例：输入公式：=DAY("2003-12-18")，确认后，显示出18。

特别提醒：如果是给定的日期，请包含在英文双引号中。

(4) NOW 函数。

函数名称：NOW。

主要功能：给出当前系统日期和时间。

使用格式：NOW( )。

参数说明：该函数不需要参数。

应用举例：输入公式：=NOW( )，确认后即刻显示出当前系统日期和时间。如果系统日期和时间发生了改变，只要按一下"F9"功能键，即可让其随之改变。显示出来的日期和时间格式，可以通过单元格格式进行重新设置。

真题解析

【例题4-41】（判断题）Today( )函数可以返回系统当前的日期和时间。（   ）

【答案】 ×

【解析】 NOW( )函数可以返回系统当前的日期和时间。

【提示】 日期时间函数还有WEEKDAY( )、TODAY( )、HOUR( )、MINTUE( )、SECOND( )等，用法类似。日期有多种输入方式，包括：带引号的文本串（例如"1998/01/30"）、序列号（如表示1998年1月30日的35825)或其他公式或函数的结果（DATE(1998,1,30)）等。

【例题4-42】（单选题）下列各项中属于文本函数的是(   )。

A. MAX　　　　　　　　　　　　B. SUMIF
C. RIGHT　　　　　　　　　　　 D. LOOKUP

【答案】 C

【解析】 MAX、SUMIF 为统计函数；LOOKUP 为查找与引用函数。

(二) 基本财务函数

1. SLN

函数名称：SLN。

主要功能：返回某项资产在一个期间中的线性折旧值。

使用格式：SLN(cost, salvage, life)。

参数说明：cost 为资产原值；salvage 为资产在折旧期末的价值（有时也称为资产残值）；life 为折旧期限（有时也称作资产的使用寿命）。

应用举例：公式"SLN(300000, 30000, 10)"表示，原值是 300000 元、净残值是 30000 元、使用寿命是 10 年的资产按直线法计提折旧时每年的折旧额，返回结果为 27000 元。

2. DDB(cost, salvage, life, period, factor)

函数名称：DDB。

主要功能：双倍余额递减法是在不考虑固定资产预计净残值的情况下，根据每期期初固定资产净值和双倍的直线法折旧率计算固定资产折旧额的一种方法。

使用格式：DDB(cost, salvage, life, period, factor)。

参数说明：cost 代表固定资产原值；salvage 代表固定资产折旧期末的价值（有时也称为资产残值），此值可以是 0；life 代表固定资产的折旧期限（有时也称作资产的使用寿命）；period 代表需要计算折旧值的期间，period 必须使用与 life 相同的单位；factor 代表余额递减速率。

应用举例：公式"DDB(600000, 60000, 5, 1)"表示，原值是 600000 元、净残值是 60000 元、使用寿命是 5 年的资产按双倍余额递减法进行计算时第 1 年的折旧额，返回结果为 240000。注意，不能使用 DDB 函数计算最后两期的折旧额，最后两期要把未提完的折旧平均分摊。

双倍余额递减法是在不考虑固定资产残值的情况下，根据每一期期初固定资产账面净值和双倍直线法折旧额计算固定资产折旧的一种方法。计算公式如下：

年折旧率 = 2/预计的折旧年限 × 100%

月折旧率 = 年折旧率 ÷ 12

月折旧额 = 固定资产账面净值 × 月折旧率

这种方法没有考虑固定资产的残值收入，因此不能使固定资产的账面折余价值降低到它的预计残值收入以下，即实行双倍余额递减法计提折旧的固定资产，应当在其固定资产折旧年限到期的最后两年，将固定资产净值扣除预计净残值后的余额平均摊销。

例如：某企业一固定资产的原价为 600000 元，预计使用年限为 5 年，预计净残值 60000 元，按双倍余额递减法计算折旧，每年的折旧额为：

双倍余额年折旧率 = 2/5 × 100% = 40%

第一年应提的折旧额 = 600000 × 40% = 240000（元）

第二年应提的折旧额 = (600000 − 240000) × 40% = 144000（元）

第三年应提的折旧额 = (600000 − 240000 − 144000) × 40% = 86400（元）

从第四年起改按平均年限法（直线法）计提折旧。

第四、第五年的年折旧额 = (600000 - 240000 - 144000 - 86400)/2 = 34800(元)

年度	公式	年折旧额
第1年	DDB(600000,60000,5,1)	240000.00
第2年	DDB(600000,60000,5,2)	144000.00
第3年	DDB(600000,60000,5,3)	86400.00
第4年	(600000-240000-144000-86400-60000)/2	34800
第5年	(600000-240000-144000-86400-60000)/2	34800

3．SYD(cost,salvage,life,per)

函数名称：SYD。

主要功能：利用年限总和法计提折旧。

使用格式：SYD(cost,salvage, life, per)。

参数说明：cost 表示固定资产原值；salvage 表示固定资产折旧期末的价值(有时候称为资产预计残值)；life 表示固定资产的折旧期限(有时也称作固定资产的使用寿命或生命周期)；per 表示需要计算折旧值的期间。其单位与 life 相同。

应用举例：某价值是 600000 元、净残值是 60000 元、使用寿命是 5 年的资产按年度总和法进行计算时每年的折旧额。

年度	公式	年折旧额
第1年	SYD(600000,60000,5,1)	180000.00
第2年	SYD(600000,60000,5,2)	144000.00
第3年	SYD(600000,60000,5,3)	108000.00
第4年	SYD(600000,60000,5,4)	72000.00
第5年	SYD(600000,60000,5,5)	36000.00

真题解析

【例题4-43】 （多选题）计算固定资产折旧的函数有(　　)。

A．SLN　　　　　　　　　　　　B．DDB

C．LEN　　　　　　　　　　　　D．SYD

【答案】　ABD

【解析】　SLN 是直线法计提折旧的函数；DDB 是双倍余额法计提折旧的函数；SYD 是年度总和法计提折旧的函数；LEN 是计算字符长度的函数。

任务四 数据清单及其管理分析

一、数据清单的构建

（一）数据清单的概念

Excel 中数据库是通过数据清单或列表来实现的。数据清单是一种包含一行列标题和多行数据且每行同列数据的类型和格式完全相同的 Excel 工作表，例如工资表、应付账款等。

数据清单是一个二维的表格，是由行和列构成的，数据清单与数据库相似，每行表示一条记录，每列代表一个字段。数据清单中的列是数据库中的字段，数据清单中的列标志是数据库中的字段名称，数据清单中的每一行对应数据库中的一条记录。

数据清单具有以下几个特点：

(1) 标题行应与其他行(如字段名行)隔开一个或多个空行。
(2) 每列数据具有相同的性质。
(3) 在数据清单中，不存在全空行或全空列。

真题解析

【例题4-44】 （多选题）数据清单与工作表相比，具有以下特征(   )。
A. 第一行是字段名 B. 每列数据具有相同的性质
C. 不存在全空的列 D. 不存在全空行

【答案】 ABCD
【解析】 数据清单具有以下几个特点：

(1) 第一行是字段名，其余行是清单中的数据，每行表示一条记录；如果本数据清单有标题行，则标题行应与其行(如字段名行)隔开一个或多个空行。
(2) 每列数据具有相同的性质。
(3) 在数据清单中，不存在全空行或全空列。

（二）构建数据清单的要求

创建数据清单有两种方法：第一种是直接在工作表中输入，第二种是可以利用记录单的方式命令。为了使 Excel 自动将数据清单当作数据库，构建数据清单的要求主要有：

(1) 列标志应位于数据清单的第一行，作为字段名，用以查找和组织数据、创建报告。
(2) 同一列中各行数据项的类型和格式应当完全相同。
(3) 避免在数据清单中间放置空白的行或列，但需将数据清单和其他数据隔开时，应在他们之间留出至少一个空白的行或列。
(4) 尽量在一张工作表上建立一个数据清单。

真题解析

【例题4-45】（多选题）关于构建数据清单的要求，下列表述正确的有（　　）。

A. 列标志应位于数据清单的第一行

B. 尽量在一张工作表上建立一个数据清单

C. 可以在数据清单中间放置空白的行或列

D. 同一列中各行数据项的类型和格式应当完全相同

【答案】　ABD

【解析】　为了使Excel自动将数据清单当作数据库，构建数据清单的要求主要有：（1）列标志应位于数据清单的第一行，用以查找和组织数据、创建报告；（2）同一列中各行数据项的类型和格式应当完全相同；（3）避免在数据清单中间放置空白的行或列，但需将数据清单和其他数据隔开时，应在它们之间留出至少一个空白的行或列；（4）尽量在一张工作表上建立一个数据清单。

【例题4-46】（单选题）下列关于Excel数据清单的说法不正确的是（　　）。

A. 列标志应位于数据清单的第一行

B. 数据清单中的列是数据库中的字段

C. 每一行对应数据库中的一条记录

D. 同一行中各列数据项的类型和格式应当完全相同

【答案】　D

【解析】　同一列中各行数据项的类型和格式应当完全相同。

二、记录单的使用

（一）记录单的概念

记录单又称数据记录单，是快速添加、查找、修改或删除数据清单中相关记录的对话框。记录单也是输入数据的一种方式。如果数据清单中的行列信息比较多，直接输入需要在不同的行列之间切换，容易出错，此时可以采用以记录单方式输入信息。

"记录单"对话框左半部从上至下依次显示数据清单第一行从左到右依次排列的列标志，以及等待输入数据的空白框，右半部从上到下依次是记录状态显示区和"新建"、"删除"、"上一条"、"下一条"、"条件"、"关闭"等按钮。

真题解析

【例题4-47】（判断题）通过记录单，不仅可以完成数据的输入、删除，还可以完成复杂的查找工作。（　　）

【答案】　√

【解析】　通过记录单，不仅可以完成数据的输入、删除，还可以完成复杂的查找工作。

项目四 电子表格软件在会计中的应用

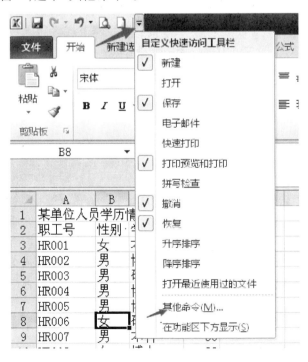

（二）通过记录单处理数据清单的记录

1. 通过"记录单"处理记录的优点

通过"记录单"处理记录的优点在于：界面直观，操作简单，减少数据处理时行列位置的来回切换，避免输入错误，特别适用于大型数据清单中记录的核对、添加、查找、修改或删除。

2. "记录单"对话框的打开方法

打开"记录单"对话框的方法是：输入数据清单的列标志后，选中数据清单的任意一个单元格，点击"数据"菜单中的"记录单"命令。Excel 2010 的数据功能区中尽管没有"记录单"命令，但可以通过快捷键"Alt + D"、"Alt + O"来打开，或者把"记录单"添加到工具栏中，方便以后使用。把"记录单"添加到工具栏的方法如下：单击左上角"自定义快捷访问工具栏"按钮，弹出定义窗口，选中"其他命令"。

153

在选项中选择"快捷访问工具栏—所有命令—记录单—添加",把"记录单"添加到工具栏中。

这时候就可能通过快捷工具栏上的"记录单",进行数据录入了。"记录单"对话框打开后,只能通过"记录单"对话框来输入、查询、核对、修改或者删除数据清单中的相关数据,无法直接在工作表的数据清单中进行相应的操作。

真题解析

【例题4-48】 (判断题)打开记录单对话框以后,仍可以直接在工作表的数据清单中进行相应的操作。(   )

【答案】 ×

【解析】 打开记录单对话框以后,只能通过"记录单"对话框来输入、查询、核对、修改或者删除数据清单中的相关数据,无法直接在工作表的数据清单中进行相应的操作。

【例题4-49】 (多选题)Excel 2010中打开记录单的方法不正确的是(   )。

A. 单击快捷键"Alt + D + O" B. 使用快速访问工具栏中的记录单按钮
C. 依次单击快捷键"Alt + D"、"Alt + O" D. 使用数据功能区的记录单按钮

【答案】 AD

【解析】 Excel 2010可通过依次单击快捷键"Alt + D"、"Alt + O"来打开或者通过单击快速访问工具中的记录单按钮来打开。

3. 在"记录单"对话框中输入新记录

在"记录单"对话框中输入一条新记录的方法是:单击"新建"按钮,光标被自动移入第一个空白文本框,等待数据录入。在第一个空白文本框中输入相关数据后,按"Tab"键(而不是"Enter"键)或鼠标点击第二个空白文本框,将光标移入第二个空白文本框(按"Shift + Tab"移入上一个文本框),等待数据录入,以下类推。

输入完一条记录的所有文本框后,按下"Enter"键或上下光标键确认,该条记录将被加入数据清单的最下面,光标自动移入下一条记录的第一个空白文本框,等待新数据的录入。

在数据录入过程中,如果发现某个文本框中的数据录入有误,可将光标移入该文本框,直接进行修改;如果发现多个文本框中数据录入有误,不便逐一修改,可通过单击"还原"按钮放弃本次确认前的所有输入,光标将自动移入第一个空白文本框,等待数据录入。所有记录输入完毕,单击"关闭"按钮,退出"记录单"对话框并保存退出前所输入的数据。

4. 利用"记录单"对话框查找特定单元格

在"记录单"对话框中单击"条件"按钮,该按钮变为"表单"。对话框中所有列后的文本框的内容被清空,光标自动移入第一个空白文本框,等待键入查询条件。键入查询条件后,单击"下一条"按钮或"上一条"按钮进行查询。符合条件的记录将分别出现在该对话框相应列后的文本框中,"记录状态"显示该条记录的次序数以及数据清单中记录的总条数。

这种方法尤其适合于具有多个查询条件的查询,只要在对话框中多个列名后的文本框内同时输入相应的查询条件即可。

5. 利用"记录单"对话框核对或修改特定记录

(1) 利用上述方法,查找到待核对或修改的记录。

(2) 在对话框中相应列后的文本框中逐一核对或修改后,按"Enter"键或单击"新建"、"上一条"、"下一条"、"条件"、"关闭"等按钮或上下光标确认。

在修改确认前,可通过单击"还原"按钮放弃本次修改。

6. 利用"记录单"对话框删除特定记录

查找到待删除的记录,单击"删除"的按钮,即可删除找到的记录。记录删除后,无法通过"还原"按钮来撤销。

三、数据的管理与分析

Excel 可以方便地对数据清单中的数据进行管理和分析,包括排序、筛选、汇总和图形分析。

(一) 排序

排序可以使原本无序的数据按某一个或某几个关键字进行升序或降序的重新排列,以便于用户做出分析、判断。Excel 表的排序条件随工作簿一起保存,这样,每当打开工作簿时,都会对该表重新应用排序,但不会保存单元格区域的排序条件。

排序可通过"数据"菜单或功能区中的排序命令来完成。

1. 快速排序

操作步骤:

(1) 在数据清单中选定需要排序的各行记录。

(2) 执行工具栏或功能区中的排序命令。例如按年龄进行排序,单击执行升序排序

(从A到Z或从最小数字到最大数字);单击执行降序排序(从Z到A或从最大数字到最小数字)。

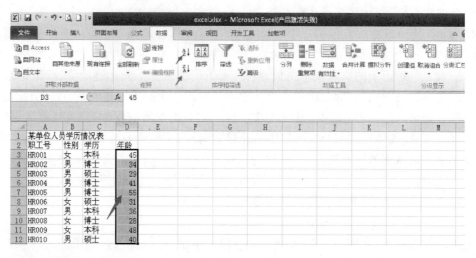

2. 自定义排序

(1)在"数据"菜单或功能区中打开"排序"对话框。

(2)在"排序"对话框中选定排序的条件、依据和次序。

在进行设置过程中,为避免字段名也成为排序对象,在"排序"对话框中应选中"有标题行"(Excel 2003)或"数据包含标题"(Excel 2007 或 Excel 2013)。

例如,想完成对性别降序排列,同一性别的按年龄升序排列,操作如下:选中需要排序的数据字段;单击"多条件排序"按钮,在弹出的对话框中的"主要关键字"下选择"性别","排序依据"中选择"数值","次序"中选择"降序";单击"添加条件"按钮,在对话框中出现"次要关键字",分别选择"年龄"、"数值"、"升序"。

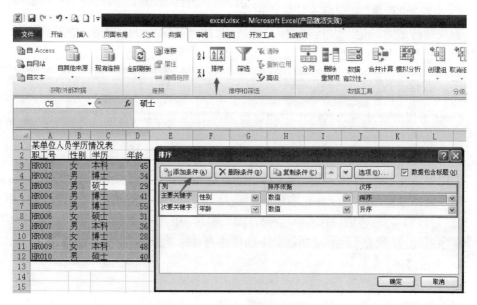

真题解析

【例题 4-50】（判断题）在 Excel 中排序时如果选择多个关键字段,则所有关键字段必须选用相同的排序趋势。（　　）

【答案】 ×

【解析】 在 Excel 中排序时如果选择多个关键字段,各关键字的排序趋势不必相同。

（二）数据的筛选

数据的筛选是指利用"筛选"命令对数据清单中的指定数据进行查找和其他工作。筛选后的数据清单仅显示那些包含了某一特定值或符合一组条件的行,暂时隐藏其他行。通过筛选,用户可以快速查找信息,不但可以控制需要显示的内容,而且还能够控制需要排除的内容。

Excel 中提供了两种数据的筛选操作,即"自动筛选"和"高级筛选"。自动筛选是一种快速的筛选方法,它可以方便地将那些满足条件的记录显示在工作表上;高级筛选可进行复杂的筛选,挑选出满足多重条件的记录。

1. 快速筛选

"快速筛选"也叫"自动筛选",一般用于简单的条件筛选,筛选时将不满足条件的数据暂时隐藏起来,只显示符合条件的数据。

具体操作:

(1) 选取数据区域中的任一单元格。

(2) 单击"数据"选项卡的"排序和筛选"命令,这时可以看到各字段边的筛选器(带下拉箭头的标记)。

(3) 单击要进行列筛选的筛选器,下拉出一个清单框,在弹出的下拉列表中取消"全选",然后勾选筛选条件,单击确定即可筛选出满足条件的记录。

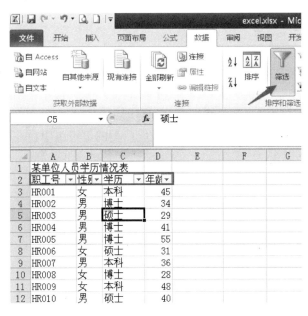

2. 高级筛选

"高级筛选"一般用于条件较复杂的筛选操作,其筛选的结果可显示在原数据表格中,不符合条件的记录被隐藏起来;也可以在新的位置显示筛选结果,不符合条件的记录同时保留在数据表中而不会被隐藏起来,这样就更加便于进行数据的比对了。

具体操作:

(1) 选择需要进行高级筛选的数据。

(2) 录入筛选条件,其中同一行表示"与"的关系,条件不在同一行表示"或"的关系;单击"数据"选项卡下"排序和筛选"组的"高级"命令,设定列表区域和条件区域。

3. 清除筛选

对经过筛选后的数据清单进行第二次筛选时,之前的筛选将被清除。

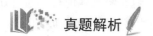
真题解析

【例题4-51】 (单选题)在Excel中选取"自动筛选"命令后,在清单上的(   )出现了下拉式按钮图标。

A. 字段名处　　　　　　　　　B. 所有单元格内

C. 空白单元格内　　　　　　　D. 底部

【答案】　A

【解析】　通过筛选数据清单,可以只显示满足条件的数据行,隐藏其他行。执行自动筛选后,在清单上的"字段名"右下角会出现一个自动筛选箭头。

【例题4-52】 (判断题)对经过筛选后的数据清单进行二次筛选时,之前的筛选结果仍然保留。(   )

【答案】　×

【解析】　对经过筛选后的数据清单进行二次筛选时,之前的筛选将被清除。

(三) 数据的分类汇总

数据的分类汇总是指在数据清单中按照不同类别对数据进行汇总统计。分类汇总采用分级显示的方式显示数据,可以收缩或展开工作的行数据或列数据,实现各种汇总统计。

在Excel中,分类汇总的方式有求和、平均值、最大值、最小值、偏差、方差等十多种,常用的是对分类数据求和或求平均值。通过分类汇总,可以得到需要的统计信息。在进行分类汇总之前,必须先对数据清单进行排序,使同一类的记录集中在一起。

1. 创建分类汇总

分类汇总的操作步骤:

(1) 确定数据分类依据的字段,将数据清单按照该字段排序。

(2) 单击"数据"选项卡下"分级显示"组的"分类汇总"命令。

(3) 设定分类汇总选项,单击"确定",完成分类汇总操作。

例如,按季度对销售额进行分类汇总。在"分类字段"下拉列表中选择分类依据的字段名,在"汇总方式"下拉列表中选择"汇总方式",在"选定汇总项"中选择需要汇总的字段名。

项目四 电子表格软件在会计中的应用

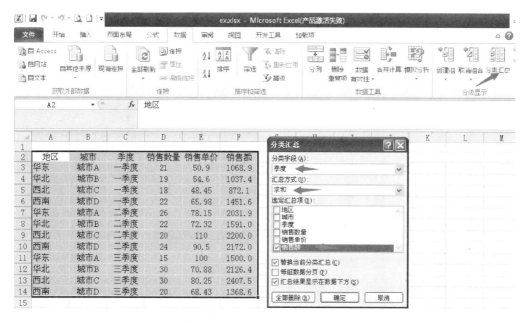

汇总后,"＋"、"－"称作分级显示符号,这些符号显示在标志的左边。各符号的含义如下:单击"＋",可显示汇总行或列展开的各级明细数据;单击"－"可隐藏各级明细数据,只显示汇总行或列。汇总有 3 个级别,用数字 1、2 和 3 表示。

2. 清除分类汇总

若对分类汇总结果不满意,想回到汇总前的数据清单,可选择"数据"选项卡的"分类汇总"命令,在出现的"分类汇总"对话框中选择"全部删除"按钮,即可恢复到汇总前的情况。

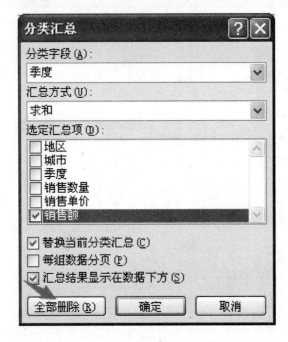

真题解析

【例题 4-53】 （判断题）数据的分类汇总之前,必须要按分类的依据进行排序。（　）

【答案】 √

【解析】 数据的分类汇总之前,必须要按分类的依据进行排序。

（四）数据透视表的插入

数据透视表是根据特定数据源生成的,可以动态改变其版面布局的交互式汇总表格。数据透视表不仅能够按照改变后的版面布局自动重新计算数据,而且能够根据更改后的原始数据或数据源来刷新计算结果。

1. 数据透视表的创建

（1）打开需要创建数据透视表的工作簿。

（2）在"插入"选择项卡下,单击"数据透视表"按钮,弹出"创建数据透视表对话框"。在"请选择要分析的数据"下,确保已选中要透视的区域,单击"确定"按钮。

（3）Excel 会将空的数据透视表添加至指定位置并显示数据透视表字段列表,同时显示"数据透视表工具"菜单,可以在菜单中添加字段、创建布局以及自定义数据透视表。

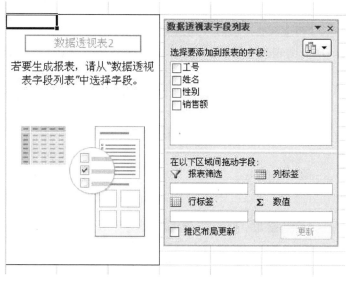

2. 数据透视表的设置

（1）重新设计版面布局。在"数据透视表工具"菜单中选择不同的字段,拖放到相应位置,报表的版面布局就会立即自动更新。拖放的位置不同,产生不同的透视效果。

（2）设置值的汇总依据。值的汇总依据有求和、计数、平均值、最大值、最小值、乘积等多种方式。可通过右键单击数据透视表的计数项单元格,选择"值汇总依据"中的其中一种,默认为求和。

（3）设置值的显示方式。值的显示方式有"无计算"、"百分比"、"升序排列"、"降序排列"等。设置方法是通过右键计数项单元格,在"值显示方式"菜单中进行选择。

（4）进行数据的筛选。分别对报表的行和列进行数据的筛选,系统会根据条件自行筛选出符合条件的数据列表。

（5）设定报表样式。数据透视表中,可通过单击"开始"选项卡"样式"组的"套用表格格式",进行报表样式的定义,也可通过设置单元格格式自己定义报表样式。

真题解析

【例题 4-54】（多选题）通过数据透视表,可以完成数据清单的( )。
A. 求和　　　　B. 查找　　　　C. 汇总　　　　D. 筛选
【答案】 ABCD
【解析】 通过数据透视表,可以完成数据清单的求和、查找、汇总、筛选。

【例题 4-55】（多选题）下列属于数据透视表的值的汇总依据有( )。
A. 求和　　　　B. 平均值　　　C. 方差　　　　D. 百分比
【答案】 ABC
【解析】 选项D,百分比是值的显示方式。值的显示方式有"无计算"、"百分比"、"升序排列"、"降序排列"等。

（五）图表的插入

Excel 的图表工具可以更直观地显示数据之间的关系和变化趋势。

Excel 2010 中插入图表的步骤：

（1）选择制作图表的数据。

（2）在"插入"选项卡的"图表"组中，单击要使用的图表类型，然后单击图表子类型。根据管理的需要，选择不同的图表类型，方便对数据的变化和所占比例进行分析。

（3）Excel 工作表的界面中出现一个空白框，双击空框，打开"选择数据源"对话框。

（4）选择图表源数据。

（5）调整图表的大小和位置。

（6）保存退出。

 项目总结

本项目介绍了电子表格软件在会计工作中的应用，主要学习和掌握了电子表格软件 ECECL 数据处理的主要方法。

项目主要内容包括：

（1）电子表格软件概述。包括常用电子表格介绍、主要功能、EXCEL 界面、文件管理、启动与退出。

（2）数据的输入与编辑。数据输入包括手工输入和快捷输入，数据的编辑包括单元格中数据的复制、移动、查找与替换、删除。

（3）公式与函数的应用。包括常用函数的介绍。

（4）数据清单及管理。包括数据清单的构建、记录单的使用、数据的管理与分析。

一、单项选择题

1. 在 Excel 中，要计算工作表指定区域数值的和应使用函数（　　）实现。

　　A. SUM(A1:A10)　　　　　　　　B. AVG(A1:A10)

　　C. MIN(A1:A10)　　　　　　　　D. COUNT(A1:A10)

2. Excel 工作表中，为显示数据的变化趋势，可插入（　　）图表。

　　A. 饼图　　　　B. 柱状图　　　　C. 折线图　　　　D. 雷达图

3. 以下（　　）不是 Excel 电子表格软件的基本功能。

　　A. 管理数据　　　B. 数据共享　　　C. 制作图表　　　D. 财务管理

4. 单元格绝对引用的标示符号是（　　）。

A. ￥　　　　　B. $　　　　　C. &　　　　　D. @

5. 在 Excel 中,将新的文字序列加入到系统的序列列表中可以通过(　　)实现。

   A. "编辑"菜单　　　　　　　　　B. "视图"菜单

   C. "插入"菜单　　　　　　　　　D. "工具"菜单

6. 在 Excel 中,数据库的表现形式是(　　)。

   A. 工作簿　　　B. 工作表　　　C. 数据清单　　　D. 工作组

7. 在 Excel 建立的工资表数据清单中,计算每一个部门的实发工资总和,可以使用下面(　　)函数。

   A. SUM　　　　B. COUNT　　　C. SUMIF　　　D. SLN

8. 在单张工作表的多个单元格中录入完全相同数据的方法是(　　)。

   A. 在选定区域中录入数字或文本后,按"Ctrl + Enter"组合键

   B. 在选定区域中录入数字或文本后,按"Ctrl + Shift"组合键

   C. 在选定区域中录入数字或文本后,按"Enter"键

   D. 不能在非连续区域中录入完全相同的数据

9. 在 Excel 工作表中,要将选定区域的单元格背景变成灰色,这个要求可以使用"格式"菜单中的(　　)命令实现。

   A. 单元格　　　　　　　　　　　B. 样式

   C. 条件格式　　　　　　　　　　D. 自动套用格式

10. Excel 工作表中,为显示数据的组成成分,可插入(　　)图表。

    A. 饼图　　　　B. 散点图　　　C. 折线图　　　D. 迷你图

11. 单元格的引用,不包括(　　)。

    A. 相对引用　　　　　　　　　　B. 绝对引用

    C. 混合引用　　　　　　　　　　D. 直接引用

12. 统计成绩工作表中的不及格人数,可使用的函数是(　　)。

    A. COUNTIF　　B. COUNT　　　C. SUMIF　　　D. LEN

13. 下列说法错误的是(　　)。

    A. 在 Excel 2013 中,执行"审阅—更改—保护工作簿"命令可以实现对工作簿限制编辑权限的操作

    B. 在 Excel 2013 中,执行"文件—信息—保护工作簿—用密码进行加密"命令可以实现设置工作簿打开权限密码操作

    C. 在 Excel 2013 中,设置工作簿打开权限密码时,密码不区分大小写

    D. 在 Excel 2013 中,使用锁定单元格功能必须启用保护工作表功能

14. 在同一工作簿中,Sheet1 工作表中的 D3 单元格要引用 Sheet3 工作表中 F6 单元格中的数据,其引用表述为(　　)。

    A. = F6　　　　　　　　　　　　B. = Sheet3!F6

    C. = F6!Sheet3　　　　　　　　　D. = Sheet1!F6

15. 对单元格中的公式进行复制时,(　　)地址会发生变化。

    A. 相对地址中的偏移量　　　　　B. 相对地址所引用的单元格

    C. 绝对地址中的地址表达式　　　D. 绝对地址所引用的单元格

二、多项选择题
1. 数据的高级筛选(   )。
    A. 同一行表示"或"的关系   B. 不同行表示"或"的关系
    C. 同一行表示"与"的关系   D. 不同行表示"与"的关系
2. 常用的电子表格软件,除了Excel外,还有(   )。
    A. WPS   B. Lotus   C. Numbers   D. Word
3. Excel的数据有(   )等多种类型。
    A. 字符型   B. 数值型   C. 日期型   D. 备注型
4. 在Excel中,修改工作表名字的操作不可以通过(   )工作表标签中相应工作表名实现。
    A. 用鼠标左键单击   B. 用鼠标右键单击
    C. 按住"Ctrl"键同时用鼠标左键单击   D. 按住"Shift"键同时用鼠标左键单击
5. Excel数据清单的筛选可以通过(   )形式实现。
    A. 自动快速筛选   B. 高级筛选(条件筛选)
    C. 自定义排序   D. 查找
6. 在对数据清单的数据进行排序时,可以按照(   )顺序进行。
    A. 关键字升序   B. 关键字降序
    C. 组合关键字   D. 相同主关键字时选择次关键字
7. 下列关于Excel软件主要功能中的管理数据功能的说法中,正确的有(   )。
    A. 用户通过Excel可以直接在工作表的相关单元中输入、存储数据
    B. 可以编制销量统计表、科目汇总表、试算平衡表、资产负债表、利润表以及全部数据处理业务所需的表格
    C. 可以利用计算机,自动、快速地对工作表中的数据进行检索、排序、筛选、分类、汇总等操作
    D. 可以运用运算公式和内置函数,对数据进行复杂的运算与分析
8. 在Excel中,公式SUM(B1:B4)等价于(   )。
    A. SUM(A1:B4 B1:C4)   B. SUM(B1+B4)
    C. SUM(B1+B2,B3+B4)   D. SUM(B1,B2,B3,B4)
9. 不属于文本函数的有(   )。
    A. MAX   B. RIGHT   C. MID   D. MIN
10. 为了使Excel自动将数据清单当作数据库,构建数据库清单的要求主要有(   )。
    A. 列标志应位于数据清单的第一行
    B. 尽量在一张工作表上建立一个数据清单
    C. 可以在数据清单中间放置空白的行或列
    D. 同一列中各行数据项的类型和格式应当完全相同

三、判断题
1. 在Excel中,复制需要复制的内容后,在粘贴时,可以有选择地粘贴数值、格式或公式。(   )
2. 在不同工作表中不能同时录入完全相同的数据。(   )

3. 点击 Excel 软件标题栏右上角的"x",可立即退出 Excel 软件。(　　)
4. Excel 的字符型数据可以由字母、汉字、数字和其他有效的显示字符组成。(　　)
5. 数据清单中的每一列的数据属性可以不同。(　　)
6. 函数其实是一些预定义的公式,它们使用一些称为参数的特定数值按特定的顺序或结构进行计算。
7. 跨工作表单元格引用时,必须加上工作表名和"!"号。(　　)
8. 如果公式中使用了相对引用的单元格,当公式被复制到同一工作表的其他位置时,公式的值不变。(　　)

项目练习答案与解析

项目一 认识会计电算化

一、单项选择题

1. C【解析】1981年8月的"财务、会计、成本应用电子计算机专题研讨会",正式提出会计电算化的概念。

2. B【解析】会计电算化简单地说就是计算机技术在会计工作中的应用。

3. A【解析】实施会计电算化信息系统的单位一般经历了以下过程阶段:制定会计电算化工作规划和实施规划、建立会计软件应用平台、配置会计软件,系统运行前准备、系统运行、系统维护等阶段。

4. D【解析】探索起步阶段无法实现电算化的会计信息与企业其他信息系统的有效融合,从而在企业内部造成闭塞,形成信息"孤岛"。

5. A【解析】2008年6月联合发布了《企业内部控制基本规范》,这标志着我国企业内部控制规范建设取得重大突破和阶段性成果。

6. B【解析】财政部先后制定发布了《内部会计控制规范——基本规范(试行)》和6项具体内部会计控制规范,要求单位加强内部会计及与会计相关的控制。

7. A【解析】2006年7月,财政部、国资委、证监会、审计署、银监会、保监会等六部委联合发起成立企业内部控制标准委员会,并于2008年6月联合发布了《企业内部控制基本规范》。这标志着我国企业内部控制规范建设取得了重大突破和阶段性成果,是我国企业内部控制建设的一个重要里程碑。(这题出题的方式很多)

8. A【解析】该题考核会计核算软件的概念。会计核算软件指专门用于会计核算工作的计算机应用软件,包括采用各种计算机语言编制的用于会计核算工作的计算机程序。

9. A【解析】ERP系统的重要思想之一就是"集成",其中的信息集成要求数据"来源唯一,实时共享"。

10. C【解析】作为ERP系统中非常重要的子系统之一,会计信息系统已经与其他业务子系统融为一体。所以ERP系统和会计信息是相关的,ERP系统包括会计信息系统。

11. D【解析】账务处理系统是会计信息系统的一个子系统,又称总账处理系统。在电算化会计信息系统中处于核心地位,同时也是会计管理的基础。账务处理模块是会计软件的核心模块,通过此模块可进行系统初始化、日常业务处理、结账和编制会计报表等工作。

12. D【解析】成本核算子系统的基本任务是归集和分配各种成本费用,及时计算产品的总成本和单位成本,计算和结转成本差异,输出成本核算的有关信息,并自动编制机制转账凭证传递给账务处理子系统。

13. A【解析】该题考核各功能模块之间的联系。会计软件以账务处理为核心,各功能模块是相互独立的,但它们之间又是相互联系、相互作用、相互依赖,共同实现会计的反映、控制和监督职能。各功能模块间的相互作用、相互依赖关系主要表现在控制联系和数据传递联系上。所以选项A说法不正确。

14. D【解析】ERP是企业资源计划的简称。

15. D【解析】企业资源计划系统是指建立在信息技术基础上,以系统化的管理思想,为企业决策层及员工提供决策运行手段的管理平台。它是由物料需求计划(MRP)发展而来的新一代集成化管理信息系统,它扩展了MRP的功能,其核心思想是供应链管理。

16. B【解析】企业与外部单位联合开发配备会计软件的方式,由本单位财务部门和网络信息部门进行系统分析,外单位负责系统设计和程序开发工作。

17. A【解析】由于中小企业在资金、技术和业务等方面均比不上大中型企业,所以在具体实施会计电算化的过程中,比较合理的做法是购买通用会计核算软件。

18. B【解析】财务分析模块从会计软件的数据库中提取数据,运用各种专门的分析方法,完成对企业财务活动的分析,实现对财务数据的进一步加工,生成各种分析和评价企业财务状况、经营成果和现金流量的信息,为决策提供正确依据。

19. D【解析】应收管理模块可以将发票制单、核销制单等生成的记账凭证传递到账务处理模块;固定资产管理模块可以将计提折旧生成的记账凭证传递到账务处理模块;工资管理模块可以将工资分摊生成的记账凭证传递到账务处理模块。

20. B【解析】固定资产系统通过凭证形式传递到总账系统。

二、多项选择题

1. ABCD【解析】广义的会计电算化是指与实现会计工作电算化有关的所有工作,包括会计电算化软件的开发和应用、会计电算化人才的培训、会计电算化的宏观规划、会计电算化的制度建设、会计电算化软件市场的培育与发展等。

2. ABD【解析】会计信息化模拟手工记账阶段这一时期所开发的会计核算软件,实质上是将电子计算机作为一个高级的计算工具用于会计领域,系统开发的目标是使会计人员摆脱手工账务处理过程中繁复易错的重复劳动,因而在其应用过程中不能实现最大限度的数据共享,极易造成电算化会计数据资源的浪费,也无法实现电算化的会计信息与企业其他信息系统的有效融合,从而在企业内部造成闭塞,形成信息"孤岛"。这一时期的出发点主要是为了让会计人员从复杂的手工劳动中解放出来,减轻会计人员的工作量,提高劳动效率和信息输出速度,并没有主动将其作为企业信息化建设的重要组成部分。

3. BC【解析】2008年11月12日,中国会计信息化委员会暨XBRL中国地区组织正式成立,这是深化会计改革、全面推进我国信息化建设的重大举措,标志着中国会计信息化建设迈上了一个新台阶。

4. BC【解析】1989年财政部颁发了《会计核算软件管理的几项规定(试行)》,1990年颁布了《关于会计核算软件评审问题的补充规定(试行)》,是我国会计核算软件发展历史上的两次飞跃。

5. AB【解析】会计电算化是会计信息化的初级阶段,会计电算化是会计信息化的基础工作。

6. BCD【解析】会计信息系统根据信息技术的影响程度可划分为手工会计信息系统、传统自动化会计信息系统、现代会计信息系统;根据其功能和管理层次的高低,可分为会计核算系统、会计管理系统、会计决策系统。

7. ABCD【解析】企业应用XBRL的优势主要有:(1)提供更为精确的财务报告与更具可信度和相关性的信息;(2)降低数据采集成本,提高数据流转及交换效率;(3)帮助数据使用者更快捷方便地调用、读取和分析数据;(4)使财务数据具有更广泛的可比性;(5)增加资料在未来的可读性与可维护性;(6)适应变化的会计准则制度的要求。

8. ABCD【解析】报表定义主要包括:定义报表的格式,定义报表项目填写内容的数据来源和报表项目及运算关系,确定表格项目审核校验及报表间项目的勾稽关系,检查公式以及汇总报表的汇总范围等步骤。

9. ABCD【解析】报表处理在会计核算软件中能够完成企业对外、对内各种会计报表的编制、生成、浏览、打印、分析等功能。会计报表的设计和生成功能应该使会计人员能够灵活地定义报表格式和报表数据来源(定义取数公式)与报表的勾稽关系,由计算机自动生成所需的会计报表。

10. ACD【解析】该题考核各功能模块间数据联系的特点这一知识点。成本核算系统、报表系统、财务分析系统需要从账务处理系统读取数据。固定资产核算系统向账务处理系统提供数据。

11. ABCD【解析】会计核算软件的功能模块一般可以划分为账务处理、应收/应付款核算、工资核算、固定资产核算、存货核算、销售核算、成本核算、会计报表生成与汇总、财务分析。

12. ABC【解析】采用企业与外部单位联合开发这种方式,系统开发周期较长的原因是因为软件开发工作需要外部技术人员与内部技术人员、会计人员充分沟通,选项D,表述的是委托外部单位开发的缺点。

三、判断题

1. ×【解析】我国会计电算化工作起始于20世纪80年代。

2. ×【解析】会计核算软件,是指专门用于会计核算工作的计算机应用软件,包括采用各种计算机语言编制的用于会计核算工作的计算机程序,它是由一系列指挥计算机执行会计核算工作的程序代码和有关的文档技术资料组成的。

3. √【解析】ERP系统中也集成了会计信息系统,此时的会计信息系统与业务系统已融为一体,业务发生时,触发会计业务执行逻辑,能够在业务发生时实时采集详细的业务、财务信息,执行处理和控制规则。

4. ×【解析】企业资源计划(简称ERP)软件中用于处理会计核算数据部分的模块属于会计核算软件的范畴。

5. √【解析】会计电算化使企业经营管理、财务会计管理实现了由事后管理向事中控制、事先预测的转变,提高了企业管理水平。

6. √【解析】会计电算化解决的是利用信息技术进行会计核算和报告工作的相关问题。会计信息化是在会计电算化工作的基础上,以构建和实施有效的企业内部控制为指引,集成管理企业的各种资源和信息。

7. √【解析】企业应用XBRL的优势主要有:(1)提供更为精确的财务报告与更具可信度和相关性的信息;(2)降低数据采集成本,提高数据流转及交换效率;(3)帮助数据使用者更快捷方便地调用、读取和分析数据;(4)使财务数据具有更广泛的可比性;(5)增加资料在未来的可读性与可维护性;(6)适应变化的会计准则制度的要求。

8. √【解析】自行开发是企业自行组织人员进行会计软件的开发,所以企业内部员工对系统充分了解,能够及时高效地解决运行过程中出现的问题。

9. ×【解析】会计软件通常分为账务处理、应收应付管理、工资管理、固定资产管理、报表管理等功能模块。

10. √【解析】此题说法正确。

项目二　会计电算化软件的工作环境

一、单项选择题

1. D【解析】常用的输入设备有:键盘、鼠标、扫描仪、条形码输入器、光笔、触摸屏等。常用的输出设备有:显示器、打印机、绘图仪、投影仪等。

选项ABC是输出设备。

2. B【解析】运算器是计算机系统的核心部件之一,在计算机工作的过程中,运算器不断从存储器中获取数据,经运算后将结果返回存储器。

3. B【解析】控制器是整个计算机的指挥中心,负责从存储器中取出指令,并对指令进行分析判断后产生一系列的控制信号,控制计算机各部件自动连续地完成各种操作。

4. B【解析】存储器是指计算机系统中具有记忆能力的部件,用于放程序和数据。它的基本功能是在控制器的控制下按照指定的地址存入和取出各种信息。

5. D【解析】属于RAM的特点:既可从中读取数据又可向它写入数据的随机存取存储器,可被CPU直接访问,但关机后其中的数据将全部消失。所以选项D不属于RAM的特点。

6. D【解析】一般情况下,外存储器中存储的信息,在断电后不会丢失。

7. D【解析】中央处理器(在微机中也称为微处理器),简称CPU。它是计算机的核心部件,其性能高低直接决定一个计算机系统的档次,CPU是决定微机性能的最重要的部件。

8. B【解析】多机松散结构有多台微机,每台微机仍属于单机结构,各台微机不发生直接的数据联系,微机之间通过磁盘、光盘、U 盘、移动硬盘等传送数据。多机松散结构的优点在于输入输出集中程度高,速度快;其缺点在于数据共享性能差,系统整体效率低。选项 C 是单机结构的优点,选项 D 是多用户结构的缺点。

9. C【解析】多用户结构的缺点在于费用较高,应用软件较少,主机负载过大,容易形成拥塞,主要适用于输入量大的企业。选项 A,单机结构的缺点在于集中输入速度低、不能同时允许多个成员进行操作,并且不能进行分布式处理;选项 B,多机松散结构的缺点在于数据共享性能差、系统整体效率低;选项 D,微机局域网络中,客户机/服务器的缺点在于系统客户端软件安装维护的工作量大,且数据库的使用一般仅限于局域网的范围内,浏览器/服务器的缺点在于应用服务器运行数据负荷较重。

10. C【解析】单机结构属于单用户工作方式,一台微机同一时刻只能一人使用,单机结构的优点在于使用简便、配置成本低、数据共享程度高、一致性好;其缺点在于集中输入速度低,不能同时允许多个成员进行操作,并且不能进行分布式处理。适用于数据输入量小的企业。

11. C【解析】计算机键盘的功能区中,其按键与其他功能区某些键重复的是小键盘区,小键盘区的数字键、符号键等与其他功能区重复。

12. C【解析】Windows95 操作系统的流行使得 101 键和 104 键的键盘占据市场的主流地位。

13. D【解析】计算机操作系统负责管理计算机系统的全部软件和硬件资源,合理组织计算机各部分协调工作,为用户提供操作界面和编程接口。所以选项 D 正确。

14. D【解析】支持性软件也被称为工具软件,如编辑程序、连接装配程序、纠错程序、诊断程序、调试程序、杀病毒程序。所以选项 ABC 属于支持性软件。选项 D 计算机语言编译程序是语言处理程序。

15. D【解析】机器语言是直接用计算机指令代码合集编写的语言,是最底层的计算机语言。

16. D【解析】机器语言执行速度比汇编语言快。

17. D【解析】机器语言和汇编语言都是面向机器的语言,被称为低级语言。低级语言依赖于具体型号的计算机,用它们开发的程序通用性很差。高级语言的通用性最强。

18. A【解析】与汇编语言类似,计算机也不能直接识别和执行的机器语言程序。因此,必须配备一种工具,把用高级语言编写的源程序翻译成计算机可执行的机器语言程序(目标程序)。解释方式是将源程序逐句解释执行,即解释一句就执行一句,在解释方式中不产生目标文件。

19. C【解析】WPS 属于文字处理软件,是通用应用软件的一种。

20. D【解析】计算机网络的主要功能有:资源共享、数据通信、分布式处理。

21. A【解析】服务器是性能最可靠的计算机。

22. B【解析】局域网(LAN),局域网是一种在小区域内使用的由多台计算机组成的网络。如公司内部网络、校园网等;典型结构是 Novell 网(服务器和工作站)。

23. B【解析】该题考核防范计算机病毒的有效方法知识点。在读取外来软盘上的数据或软件前应该用查病毒软件检查该软盘是否有计算机病毒。

24. D【解析】选项 D 是引导型病毒的特征。

25. A【解析】该题考核防范计算机病毒的有效方法。不非法复制及使用软件,定期用杀毒软件对计算机进行病毒检测,禁止使用没有进行病毒检测的软盘,都可以预防计算机病毒。选项 A 尽量减少使用计算机无法预防计算机病毒。

26. C【解析】计算机病毒的传染性是指病毒具有把自身复制到其他程序中的特性。

27. C【解析】文件型病毒,这是一种针对性很强的病毒。一般来讲,它只感染磁盘上的可执行文件(COM、EXE、SYS 等)。

28. C【解析】该题考核计算机病毒是一种人为蓄意编制的具有自我复制能力并可以制造计算机系统故障的计算机程序。

二、多项选择题

1. ACD【解析】选项 B 是计算机内设。

2. AB【解析】计算机的显示系统由显示器和显示卡两部分组成。

3. BC【解析】控制器是整个计算机的指挥中心,负责从存储器中取出指令,并对指令进行分析判断后产生一系列的控制信号,控制计算机各部件自动连续地完成各种操作。控制器负责控制计算机各部件协调工作,并使整个处理过程有条不紊地进行。它的基本功能是从内存中按顺序取得指令和执行指令,即控制器按程序计数器指出的指令地址从内存中取出该指令进行译码,然后根据该指令功能向有关部件发出控制命令,执行该指令,所以选项 AD 正确。选项 B 是运算器的功能。选项 C 是存储器的功能。

4. BCD【解析】选项 A 内存储器也称主存储器。

5. AC【解析】电脑的各种存储器的最小存储单位是比特,也就是(bit,简称 B),它表示一个二进制位。比比特大的单位是字节(Byte,简称 B),它等于 8 个二进制位,8 bits = 1 Byte,所以选项 A 正确。选项 B 1G = 1024MB,所以 B 错误。选项 C 1024 K = 1M 正确。选项 D 1000 K = 1 M,所以选项 D 错误。

6. ABC【解析】常用的输入设备有:键盘、鼠标、扫描仪、条形码输入器、光笔等。常用的输出设备有:显示器、打印机、绘图仪、投影仪。选项 D 硬盘是外存设备。

7. ABCD【解析】单机结构的优点在于使用简单、配置成本低、数据共享程度高、一致性好。

8. ABCD【解析】安装会计软件的前期准备:(1) 必须首先确保计算机的操作系统符合会计软件的运行要求;(2) 然后需要安装数据库管理系统;(3) 会计软件的正常运行需要某些支持软件的辅助,安装完数据库管理系统后,技术支持人员应当安装计算机缺少的支持软件;(4) 技术支持人员安装会计软件,同时应考虑会计软件与数据库系统的兼容性。

9. CD【解析】操作系统负责管理计算机系统的全部软件和硬件资源,合理组织计算机各部分协调工作,为用户提供操作界面和编程接口。目前比较通用的操作系统有 Windows、UNIX、Lunux。所以选项 CD 正确。选项 A 是数据库管理系统,选项 B 是应用软件。

10. CD【解析】机器语言和汇编语言是低级语言,不能生成"源程序"。选项 CD 是高级语言,能生成"源程序"。

11. BD【解析】文字处理软件常用的文字处理软件包括 WPS 和 word 等。Linux 是操作系统,Access 是数据库管理系统。

12. ABCD【解析】电算化会计信息系统中,常见的硬件结构有单机结构、多用户结构、多机松散结构和微机局域网络结构。

13. CD【解析】选项 C,会计人员通过客户机使用会计软件,因此客户机的性能必须适应会计软件的运行要求;选项 D,服务器又称伺服器,是网络环境中的高性能计算机。

14. ABC【解析】选项 D,计算机病毒的检测方法通常有两种,人工检测与自动检测,人工检测需要检测者熟悉机器指令和操作系统,因而不宜普及,自动检测比较简单,一般用户都可以进行。

15. AB【解析】计算机病毒按破坏能力分类可分为良性病毒和恶性病毒;按存在方式分为引导型病毒、文件病毒和网络病毒。

16. ABC【解析】常见的非规范化操作包括密码与权限管理不当、会计档案保存不当、未按照正常操作规范运行软件等。这些操作可能威胁会计软件的安全运行。

三、判断题

1. ×【解析】机械鼠标底部有一个滚动的橡胶球作为光电探测器。这种鼠标现在已被淘汰了,大部分用的是光电式鼠标。

2. ✓【解析】中央处理器(在微机中也称为微处理器),简称 CPU。它是计算机的核心部件,其性质高低直接决定一个计算机系统的档次,CPU 是决定微机性能的最重要的部件。

3. ×【解析】存储器的基本功能是在控制器的控制下按照指定存入和取出各种信息。

4. ×【解析】C 语言面向对象的程序设计语言;JAVA 是近几年发展起来的一种新型高级语言,适用于网络环境的编程,所以 JAVA 语言比 C 语言更适用于网络编程。

5. ×【解析】计算机网络按照规模和距离可以分为局域网、广域网、城域网。

6. ×【解析】计算机病毒是一种人为编制的具有自我复制能力并可以制造计算机系统故障的计算机程序。

7. ×【解析】如果新版软件更能满足实际需要,企业应该对其升级。

8. √【解析】本题考核浏览器/服务器结构的优点。B/S结构是指浏览器/服务器结构,B/S结构维护和升级方式简单,运行成本低,但应用服务器运行数据负荷较重。

9. ×【解析】欺骗是一种主动式攻击,它将网络上的某台计算机伪装成另一台不同的主机。

10. ×【解析】计算机网络的数据通信,是指计算机网络可以实现各计算机之间的数据传送,可以根据需要对这些数据进行集中与分散管理,而分步处理,是指计算机系负荷过重时,可以将其处理的任务传送到网络中较为空闲的其他计算机系统中,以提高整个系统的利用率。

项目三 会计软件的应用

一、单项选择题

1. D【解析】在会计账套正式启用之前,会计核算软件必须进行初始化设置。初始化的作用是设置具体核算规则,输入会计核算所必需的期初数据及有关资料,输入需要在本期进行对账的未达账项,选择会计核算方法,明确操作人员的岗位分工情况,包括操作人员姓名、操作权限、操作密码等,必须提供必要的方法对输入的初始数据进行正确性校验。

2. D【解析】账务处理系统中,数据恢复是将存储介质上的凭证、账簿数据库复制到计算机上。

3. D【解析】数据备份是为了防备因系统故障、病毒入侵、错误操作引起的数据丢失而采取的一项措施。

4. B【解析】通用会计核算软件一般都要设置"初始化"模块,用户在首次使用通用会计核算软件时,须首先使用该模块,对本单位的所有会计核算规则进行初始化设置,从而把通用会计核算软件转化为一个适合本单位核算情况的专用会计核算软件。

5. B【解析】一般在硬盘上建立专门目录作为数据库路径。

6. B【解析】该题考核建立会计账户体系知识点。会计账户体系是会计核算的基础,整个会计核算系统都是以会计账户体系为基础建立的。建立会计账户体系从一级会计科目开始,逐级设置明细科目。建立会计账户体的核心工作是设置会计科目。设置会计科目时应遵循首先符合财政部和有关管理部门的规定。

7. A【解析】科目名称和科目代码是唯一对应关系。

8. D【解析】设置会计科目的内容要求有:(1)设置会计科目编码。科目编码必须唯一,科目编码必须按其级次的先后次序建立,科目编码用数字表示,避免用如&、@、空格等其他字符。(2)设置会计科目名称。科目名称用汉字、英文字母、数字等符号表示,不能为空。(3)设置会计科目的余额方向。(4)设置辅助核算科目。(5)设置外币核算科目。(6)设置数量核算项目。设定需要进行数量核算的科目以及数量核算计量单位。

9. B【解析】凭证的制单人有权修改凭证。

10. D【解析】出纳主要负责现金和银行存款的管理,出纳管理的主要工作包括现金日记账、银行存款日记账和资金日报表的管理,支票管理,银行对账等。凭证录入是账务处理模块的功能。

11. B【解析】企业在使用工资核算系统之前应对企业的部门和人员进行整理分类金额编码,固定资产、材料和产品不属于工资核算系统。

12. C【解析】加班工资是每月都会发生变化的工资项目。

13. D【解析】选项D属于账务处理系统的功能。账务处理子系统不仅可以直接处理来自记账凭证的信息,而且可以接收来自各核算子系统的自动转账凭证,进行总分类核算。

14. A【解析】月末结转时将要生成新月份的工资数据表,在该表中需要清零的是变动数据项。

15. B【解析】应收款系统的制单方式包括:按客户制单方式、按单据制单方式、按汇总金额制单方式。
16. D【解析】财务报表管理系统中,取数是通过函数实现的。
17. C【解析】会计报表系统中,由于表栏的宽度小于数据的实际宽度,导致了报表数据产生溢出。
18. B【解析】报表系统中,QM( )函数的含义是,取期末余额数据。
19. C【解析】勾稽关系是在各类财务报表中数据间存在的对应关系。
20. D【解析】对于使用固定汇率作为记账汇率的用户,在填制每月的凭证前,应预先在此录入该月的记账汇率,否则在填制该月外币凭证时,将会出现汇率为零的错误。对于使用变动汇率(浮动汇率)作为记账汇率的用户,在填制凭证的当天,应预先在此录入该天记账汇率。
21. A【解析】固定资产模块的启用日期,不得早于账套的建立期间。
22. D【解析】本题考核应收/应付模块,产品出库单不属于应收/应付模块。
23. C【解析】应付款系统日常处理业务主要包括输入采购发票、输入付款单(单据处理)、采购核销(凭证处理、转账处理)和应付账表查询。选项C是期初完成。
24. D【解析】本题考核报表格式设计的内容。报表格式定义主要包括设计报表的表格、输入报表的表间项目及定义项目的显示风格、定义单元属性等。
25. A【解析】银行对账是银行存款日记账和银行对账单之间的核对。
26. A【解析】每月只能结账一次,因此一般结账前应作数据备份。

二、多项选择题

1. ABCD【解析】出纳对资金日报表的管理包括查询、输出或打印资金日报表,提供当日借、贷金额合计和余额,以及发生额业务量等信息。
2. ABC【解析】根据会计知识可知资产原值、折旧方法及使用状态会影响固定资产的折旧,而增加方式描述资产如何获得,与折旧无关。
3. ABCD【解析】本题考核固定资产的减少方式。固定资产减少的方式主要有:出售、盘亏、投资转出、捐赠转出、报废、毁损、融资租出等。
4. ABD【解析】工资建账内容一般包括参数设置、扣税设置与扣零设置、人员编码设置。
5. ABCD【解析】工资核算模块日常业务处理的工资内容有:(1)录入变动的基础工资数据;(2)录入变动工资数据;(3)计算所得税,进行扣缴处理;(4)工资计算,工资分配;(5)分钱清单与银行代发;(6)月末处理与查询输出(工资表、工资分析表)。
6. ABCD【解析】应收管理模块日常单据处理包括应收单据的处理、收款单据的处理和单据核销。
7. ABCD【解析】本题考核核销处理。
8. ABC【解析】财务报表管理系统的单元类型有数值单元、字符单元、表样单元。
9. BCD【解析】记账员只能被注销,不能被删除。
10. AC【解析】付款凭证可设置的凭证限制类型是贷方必有银行存款和现金。

三、判断题

1. ×【解析】该题考核系统初始化知识点。会计期间设置完成后,不能进行修改。
2. √【解析】科目编码必须按其级次的先后次序建立。
3. ×【解析】资金日报表以日为单位,列示现金、银行存款科目当日累计借方发生额和贷方发生额,计算出当日的余额,并累计当日发生的业务笔数,对每日的资金收支业务、金额进行详细汇报。
4. √【解析】本题考核固定资产计提折旧的操作。
5. √【解析】表样单元是报表的格式,是定义一个没有数据的空表所需的所有文字、符号或数字,一旦单元被定义为表样,那么输入的内容对所有的表页都有效。
6. √【解析】本题考核利用报表模板生成报表。
7. √【解析】除自动对账外,系统一般还提供手工对账功能,以满足特殊情况下的对账。
8. ×【解析】设置外币是指当企业有外币核算业务时,设置所使用的外币币种、核算方法和具体汇率。

9. √【解析】账套参数内容已被使用,进行修改可能会造成数据的紊乱,所以对账套参数的修改应当谨慎。

10. ×【解析】新增凭证一般会自动选定新的凭证编号,也可以选择手动输入新编号,只要不重复就可以,所以凭证号不连续的情况是可能存在的,记账编号采用手工录入的时候,是有可能出现不连续的情况的。

项目四　电子表格软件在会计中的应用

一、单项选择题

1. A【解析】AVG( )是求平均值函数,MIN( )是求最小值函数,COUNT( )是计算数字个数函数。

2. C【解析】柱形图反映一段时间内数据的变化或者不同项目之间的对比;折线图按照相同的间隔显示数据的趋势;饼图显示组成数据系列的项目在项目总和中所占的比例;雷达图显示数值相对于中心点的变化情况。

3. D【解析】Excel 电子表格软件的基本功能主要有建立工作簿、管理数据、数据网上共享、制作图表、开发应用系统。Excel 可以进行财务分析和财务管理,但不是其基本功能。

4. B【解析】单元格的绝对引用通过在行标和列标前加一个美元符号"$"来表示。

5. D【解析】在 Excel 中,可以通过单击"工具"菜单中的"选项"命令,在"选项"中查看系统默认的自动填充的文字序列,还可在此选项卡中定义新的自动填充的文字序列。

6. C【解析】在 Excel 中,数据库的表现形式是数据清单。

7. C【解析】SUMIF 主要功能是计算符合指定条件的单元格区域内的数值和。

8. A【解析】可以通过"Ctrl + Enter"组合键在选定的连续或非连续区域中录入完全相同的数字或文本。

9. A【解析】在 Excel 工作表中,要将选定区域的单元格背景变成灰色,这个要求可以使用"格式"菜单中的单元格命令实现。而"条件格式"命令并不是将整个选定区域的单元格的背景变成灰色,而只是将满足一定条件的单元格的背景变成灰色。

10. A【解析】Excel 工作表中,为显示数据的组成成分,可插入饼图图表。

11. D【解析】单元格的引用包括相对引用、绝对引用、混合引用。

12. A【解析】COUNTIF 的主要功能:统计某个单元格区域中符合指定条件的单元格数目。

13. C【解析】在 Excel2013 中,设置工作簿打开权限密码时,密码是区分大小写的。

14. B【解析】跨工作表单元格引用的格式:工作表名! 数据源所在单元格地址。选项 D 的意思是引用 sheet1 工作表中 F6 单元格的数据。

15. B【解析】相对引用是指当把一个含有单元格引用的公式复制或填充到一个新的位置时,公式中的单元格引用会随着目标单元格位置的改变而相对改变。

二、多项选择题

1. BC【解析】录入筛选条件,其中同一行表示"与"的关系,条件不在同一行表示"或"的关系。

2. ABC【解析】Word 是文字处理软件。

3. ABC【解析】Excel 的数据有字符、数据、日期等类型。

4. ACD【解析】在 Excel 中,修改工作表名字的操作可以通过用鼠标右键单击或者鼠标左键双击工作表标签中相应工作表名实现。

5. AB【解析】Excel 中提供了两种数据的筛选操作,即"自动筛选"和"高级筛选"。其中"快速筛选"也叫"自动筛选"。

6. ABCD【解析】在对数据清单的数据排序时,可以按照按关键字升序、按关键字降序、组合关键字、相同主关键字时选择次关键字进行。

7. ACD【解析】选项 B,用户通过 Excel 可以编制销量统计表、科目汇总表、试算平衡表、资产负债表、利润表以及大多数数据处理业务所需的表格。

8. ACD【解析】公式 SUM(B1:B4)计算的是 B1、B2、B3、B4 单元格的和。

9. AD【解析】文本函数包括 LEN、RIGHT、MID、LEFT,选项 AD 属于统计函数。

10. ABD【解析】为了使 Excel 自动将数据清单当作数据库,构建数据清单的要求主要有:列标志应位于数据清单的第一行,用以查找和组织数据、创建报告;同一列中各行数据项的类型和格式应当完全相同;避免在数据清单中间放置空白的行或列,但需将数据清单和其他数据隔开时,应在它们之间留出至少一个空白的行或列;尽量在一张工作表上建立一个数据清单。

三、判断题

1. √【解析】在 Excel 中,复制需要复制的内容后,在粘贴时,可以有选择地粘贴数值、格式、公式、批注等内容。

2. ×【解析】在不同工作表中,将不同的工作表给合成工作组,选定目标单元格录入数据后,按"Ctrl + Enter"组合键,可以快速录入完全相同的数据。

3. ×【解析】如果当前只有一个工作簿在运行,点击 Excel 软件标题栏右上角的×,可退出软件,但如果当前有多个工作簿文件在运行,则只是关闭光标所在文件。

4. √【解析】Excel 的字符型数据可以由字母、汉字、数字和其他有效的显示字符组成。

5. ×【解析】数据清单每列数据具有相同的性质。

6. √【解析】函数其实是一些预定义的公式,它们使用一些称为参数的特定数值按特定的顺序或结构进行计算。

7. √【解析】跨工作表单元格引用时,必须加上工作表名和"!"号。

8. ×【解析】相对引用的单元格,粘贴到不同的单元时,引用会自动调整。